Inneres Kind heilen

„Ich war schon immer so…"

Wie du endlich alte Glaubenssätze auflöst und wie entfesselt dein Glück selbst in die Hand nimmst

Stefanie Lorenz

© Copyright 2021 - Alle Rechte vorbehalten.

Rechtliche Hinweise:

Dieses Buch ist urheberrechtlich geschützt und nur für den persönlichen Gebrauch bestimmt. Ohne die Zustimmung der Autorin oder des Herausgebers darf der Leser keinen Inhalt dieses Buches ändern, verbreiten, verkaufen, verwenden, zitieren oder umschreiben.

Haftungsausschluss:

Die in diesem Dokument enthaltenen Informationen dienen nur zu Bildungs- und Unterhaltungszwecken. Es wurden alle Anstrengungen unternommen, um genaue, aktuelle, zuverlässige und vollständige Informationen zu liefern. Die Leser erkennen an, dass die Autorin keine rechtlichen, finanziellen, medizinischen oder professionellen Ratschläge erteilt. Durch das Lesen dieses Dokuments stimmt der Leser zu, dass die Autorin unter keinen Umständen für direkte oder indirekte Verluste haftet, die durch die Verwendung der in diesem Dokument enthaltenen Informationen entstehen, einschließlich, aber nicht beschränkt auf Fehler, Auslassungen oder Ungenauigkeiten.

Geschenk #1

Zitatesammlung

Gratis-Bonusheft!

Mit dem Kauf dieses Buches hast du ein kostenloses Bonusheft erworben. Dieses steht nur eine begrenzte Zeit zum Download zur Verfügung.

Das Bonusheft beinhaltet eine Sammlung an schönen, motivierenden und auch Mut gebenden kleinen Geschichten und Zitaten. Diese werden dich beim Lesen und auf deinem täglichen Weg zu einem erfüllten Leben begleiten. Sichere dir das Bonusheft noch heute!

Alle Informationen, wie du dir schnell das gratis Bonusheft sichern kannst, findest du am Ende dieses Buches.

Geschenk #2

Entspannung im Alltag

Mit dem Kauf dieses Buches hast du noch ein weiteres Bonusheft erworben.

In diesem Bonusheft findest du verschiedene Entspannungsmethoden, Meditationsideen und Affirmationen, die dich darin unterstützen können, wieder zu dir selbst zu finden. Sichere dir das Bonusheft noch heute!

Alle Informationen, wie du dir schnell das gratis Bonusheft sichern kannst, findest du am Ende dieses Buches.

Inhaltsverzeichnis

Einleitung 1

Wie unsere Kindheit unser Erwachsenenleben beeinflusst ... 5

    Frühkindliche Erfahrungen und ihre Auswirkungen 7
    Kleinkindalter – Kindergarten und erste Ablösung von zuhause 9
    Erfahrungen in der Schule und als Teenager 11
    Zuschreibungen aus der Kindheit – Giftpfeile aus der Vergangenheit 15

Die vier Bindungstypen - wieso mache ich in Beziehungen immer wieder die gleichen Erfahrungen? ... 21

    Der sichere Bindungsstil – beste Voraussetzungen für harmonische Beziehungen 22
    Der ängstlich-ambivalente/unsicher-ambivalente Bindungsstil – hin und her gerissen 23
    Der gleichgültig-vermeidende/unsicher-vermeidende Bindungsstil – ich brauche dich nicht! 25
    Der desorganisierte Bindungsstil – ich habe Angst vor dir, aber ich brauche Nähe 27

Arbeit mit dem Inneren Kind – ist das etwas für mich? 29

Die Schutzmechanismen des Inneren Kindes 37

    Streben nach Kontrolle 40
    Regression 41
    Die Opferrolle einnehmen 43
    Vermeidungsverhalten und Verdrängung 44
    Aggression 45
    Suche und Sucht nach Anerkennung 47
    Harmoniesucht 48
    Unsichere Bindungen 50

Die Arbeit mit dem Inneren Kind in der therapeutischen Praxis 53

Das Innere Kind als Modell außerhalb der therapeutischen Arbeit 61

    Soll ich etwa wieder zum Kind werden? - Die Arbeit mit dem Inneren Kind und Regression 62

    Kontakt mit dem Inneren Kind für mich 63

Mein Inneres Kind – eine ganz besondere Begegnung 65

Methoden, um mit dem Inneren Kind in Kontakt zu treten 73

Kontakt mit dem Inneren Kind in Beziehungen mit anderen 81

    Kinder als Spiegel – wie verändert sich deine Beziehung zu deinem Nachwuchs? 82

    Kontakt mit dem Inneren Kind in Beziehungen zu Erwachsenen 85

Vergangenheitsbewältigung durch Arbeit mit dem Inneren Kind 91

Leichtigkeit im Leben durch die Entdeckung des Inneren Kindes 97

    Spielen und Staunen als Erwachsener - Ist das überhaupt okay? 99

    Mit neuem Blick auf die Welt schauen – wie geh ich das an? 99

    Neue Lebenslust – wie beginne ich damit? 101

    Wieso ist Spielen so gesund? 102

    Tipps, um mit dem Inneren Kind zu spielen 105

Spiel, Spaß und Spannung – und wie geht es jetzt weiter? 119

Geschenk #1 - Zitatesammlung 123

Geschenk #2 - Entspannung im Alltag 125

Eine kleine Bitte 127

Quellen und weiterführende Literatur 129

Einleitung

Hast du manchmal das unbestimmte Gefühl, dass dein Leben nicht vollständig ist, dir etwas fehlt, obwohl alle äußeren Rahmenbedingungen erfüllt sind und es dir eigentlich richtig gut gehen könnte? Erlebst du, dass du ungesunde Verhaltensmuster an den Tag legst und diese nicht aufgeben kannst, obwohl du weißt, dass sie dir nicht guttun? Hast du Schwierigkeiten, gut für dich selbst zu sorgen oder dich umsorgen zu lassen? Erlebst du in Beziehungen immer wiederkehrende Konflikte und neigst du dazu, dich entweder nicht auf Personen einlassen zu können oder dich zu stark und intensiv an eine Person zu binden? Bist du auf der Suche nach einer Leitfigur, jemandem zum Anlehnen, der sich um dich kümmert?

All diese Gedanken und Emotionen können bei jedem Menschen auftreten und sind vollkommen normal. Bereiten sie dir im Alltag aber Schwierigkeiten, belasten sie dich und führen sie dazu, dass du dich nie richtig wohlfühlen kannst, kann es sich lohnen, diese Dinge an- und ihnen auf den Grund zu gehen.

Viele der genannten Probleme treten bei Leuten auf, die in ihrer Kindheit Konflikte oder Schwierigkeiten erlebt haben und diese nicht so aufarbeiten konnten, dass ihnen ein unbeschwertes Erwachsenenleben möglich ist. Die Entwicklung unserer Persönlichkeit ist nie vollständig abgeschlossen und doch sind sich sowohl Fachkräfte der Bildungswissenschaften als auch der Psychotherapie und Sozialisationsforschung größtenteils einig, dass sich unsere individuelle Persönlichkeit maßgeblich in unserer Kindheit und Jugend ausbildet. In dieser Zeit sind wir immer in stetigem Austausch und Kontakt mit unserem engen familiären Umfeld und später auch mit Personen aus Institutionen wie Kindergarten, Schule, Sportverein oder Jugendclub.

„Ich war schon immer so…"

Die Erfahrungen, die wir in dieser Zeit machen, die Bedingungen, unter denen wir aufwachsen, der Raum, in dem wir uns entwickeln können und die Personen, die uns umgeben, tragen maßgeblich dazu bei, wie wir fühlen, denken, handeln, bewerten, sprechen und anderweitig mit unserer Umwelt interagieren.

Erleben wir in unserer Kindheit Ablehnung, Kränkung oder andere negative Dinge, kann dies dazu führen, dass diese uns auch im Leben als mündige Erwachsene begleiten und einschränken. Mitunter geschieht dies vollkommen unbewusst und man fragt sich, warum man jetzt so überreagiert hat oder wieso man ständig auf der Suche nach Anerkennung zu sein scheint. Es gibt viele Möglichkeiten, wie Erfahrungen der Kindheit und Jugend sich im späteren Leben bemerkbar machen können. Der Ausspruch „Es ist nie zu spät, eine glückliche Kindheit zu haben!", der unter anderem Erich Kästner zugeschrieben wird, greift die Idee des Konzepts des Inneren Kindes auf und deutet an, dass die Beschäftigung mit kindlichen Anteilen zu einem ausgeglicheneren Ganzen der Persönlichkeit führen kann.

In diesem Buch erfährst du zunächst, welche Auswirkungen Kindheitserlebnisse auf dein Leben als erwachsene Person haben können und wie dadurch möglicherweise Blockaden, negative Glaubenssätze und Verhaltensmuster entstehen können. Danach wird das Konzept des Inneren Kindes vorgestellt, mit dem du dich deinen kindlichen Anteilen nähern kannst, um wieder mehr ins Gleichgewicht zu kommen. In den folgenden Kapiteln erfährst du, dass du die Arbeit mit dem Inneren Kind sowohl für dich und deine eigene Weiterentwicklung als auch zur Verbesserung deiner Kontakte mit anderen wie mit deinen Kindern, deiner Partnerin oder deinem Partner und anderen Personen aus deinem Umfeld nutzen kannst. Vergangenheitsbewältigung ist ein großes Thema bei der Arbeit mit dem Inneren Kind und wird ebenfalls umfassend beleuchtet. Du kannst durch die Begegnung und aktive Interaktion mit dem Inneren Kind leichter an vergangene Gefühle und Erinnerungen kommen und diese in dein Bewusstsein

Einleitung

holen. Dadurch hast du die Chance, gemachte Erlebnisse aus der sicheren Sicht des Erwachsenen gemeinsam mit deinem Inneren Kind anzuschauen und die Auswirkungen auf dein jetziges Leben zu erkennen und in eine neue Richtung zu lenken. Du erfährst, wie du deinem Inneren Kind und dir mit mehr Liebe und Achtsamkeit entgegentreten und eine für dich und deine individuellen Bedürfnisse geeignete Selbstfürsorge entwickeln kannst. Im Anschluss daran siehst du, dass du gemeinsam mit dem Inneren Kind aber auch im Hier und Jetzt interagieren kannst, um mehr kindliche Neugierde und spielerische Leichtigkeit in dein Leben zurückzuholen. Dadurch, dass du einem ganz wichtigen Anteil in dir, deinem Inneren Kind, eine Stimme gibst und dich mit den Erlebnissen des Inneren Kindes auseinandersetzt, kannst du Vergangenes aufarbeiten und zeitgleich bessere Voraussetzungen für deine Zukunft und dein jetziges Leben schaffen, indem du Blockaden auflöst und dich in all deinen Facetten annimmst und verstehst.

Im Bonusheft findest du eindrückliche und motivierende Sprüche und Zitate, die bei der spannenden Begegnung mit deinem Inneren Kind als Erinnerungsstütze dienen können.

> Ganz wichtig vorab: Dieses Buch kann keine therapeutische Hilfe ersetzen und beabsichtigt dies in keinster Weise. Der Begriff Inneres Kind wird in vielen Disziplinen verwendet und findet auch in der Psychotherapie Ver- und Anwendung. Die Übungen und Anregungen, die du in diesem Zusammenhang in dem vorliegenden Buch finden wirst, kannst du für dich alleine in deinen eigenen vier Wänden benutzen, ohne therapeutische Begleitung. Du übernimmst dabei für dich die Verantwortung und solltest immer auf deine persönlichen Bedürfnisse und Voraussetzungen achten.

Zwar gilt die Arbeit mit dem Inneren Kind als sehr effektiv, aber sie ist nicht für jeden Menschen in jeder Lebenssituation zu empfehlen. So ist dieses Buch nicht dazu geeignet, im Alleingang traumatische Kindheitserlebnisse aufzuarbeiten. Daher ist es im Falle von vermuteten oder erlebten schweren frühkindlichen und kindlichen Erlebnissen dringend angeraten, deine Ärztin, deine Therapeutin oder anderes Fachpersonal zu Rate zu ziehen und die Arbeit mit deinem Inneren Kind nur in Begleitung zu beginnen, wenn du mit diesem Konzept arbeiten möchtest. Kläre vorab ab, ob es Kontraindikationen, also Gegenanzeigen für die Arbeit mit dem Inneren Kind bei deiner momentanen Verfassung gibt und besprich das weitere Vorgehen mit den Fachkräften.

Spricht laut deiner Ärztin oder Therapeutin nichts gegen die Arbeit mit dem Inneren Kind, kannst du diese gemeinsam mit ihnen beginnen. So kannst du, wenn traumatische Erinnerungen getriggert werden oder du mit sonstigen Symptomen konfrontiert wirst, mit der nötigen Unterstützung und Anleitung lernen, ihnen zu begegnen und mit ihnen umzugehen und kannst gegebenenfalls fachlich aufgefangen werden. Solltest du zur sogenannten Fragmentierung neigen, wird in Fachkreisen dazu geraten, die Arbeit mit dem Inneren Kind zu vermeiden. Möchtest du trotzdem das Konzept des Inneren Kindes nutzen, besprich dich mit den dich begleitenden Fachkräften und wäge mit ihnen ab, ob du psychisch stabil genug bist, um mit diesem Konzept zu arbeiten.

Wie unsere Kindheit unser Erwachsenenleben beeinflusst

Als Neugeborenes ist der Mensch vollkommen abhängig von seinen Bezugspersonen. Er braucht neben offensichtlichen Dingen wie Nahrung, Wärme und einem sicheren Rückzugsort auch Zuwendung und Ansprache, um sich altersgerecht entwickeln zu können. Eine Unterscheidung zwischen Kind und Bezugsperson findet beim Säugling noch nicht statt.

Als Kleinkind erkennt der Mensch, dass er eine eigenständige Einheit ist und muss lernen, ein gesundes Autonomiebestreben zu entwickeln, ohne den Kontakt mit dem Umfeld zu belasten. Die individuellen Wünsche und Bedürfnisse werden immer klarer und bewusster, aber das Kind lernt auch, dass es als Teil einer Gruppe – zunächst in der Kernfamilie mit Elternteil oder Erziehungsberechtigtem sowie vielleicht Geschwistern und Großeltern, später im Kindergarten mit pädagogischem Fachpersonal und anderen Kindern – bestimmten Strukturen folgen muss, um sich in die Gemeinschaft einfügen zu können.

Erlebnisse im frühkindlichen Alter und im Kindesalter finden zunächst mit wenigen Personen – der Kernfamilie – statt. Je weiter die Entwicklung fortschreitet, desto vielfältiger sind auch meist die Personenkontakte und Eindrücke, denen der Heranwachsende ausgesetzt wird. Somit hat das Kind zu Beginn seines Lebens eine sehr eingeschränkte Sichtweise und geht davon aus, dass das, was es zuhause und später im Kindergarten erlebt, normal und auch richtig ist. Mama weiß alles und die Welt hört hinter der Wiese am Kindergarten auf. All das, was in diesem kleinen Rahmen geschieht, prägt das Kind auf intensive Weise, denn es kann zum einen noch nicht auf einen Erfahrungsschatz zurückgreifen, mit dem es Erlebnisse abgleichen und einordnen kann, zum anderen schwingt die Komponente der engen Bindung mit, sodass die Aussagen und Taten des Umfeldes besonders schwer wiegen und für Kinderohren mitunter viel ernsthafter klingen, als für einen Erwachsenen, der sie vielleicht nur so dahin gesagt hat. Das Kind kann seine Bedürfnisse größtenteils noch nicht selbst erfüllen und selbst wenn es im Kleinkindalter sprechen lernt und sich mit den Jahren immer besser ausdrücken kann, lebt es doch in permanenter Abhängigkeit von seinen Bezugspersonen.

Zudem gibt es ein Phänomen, das in der Psychologie als Introjektion bezeichnet wird. Darunter wird der frühkindliche und unbewusste Vorgang verstanden, wenn ein Mensch die Normen, Werte und Anschauungsmuster seines Umfeldes aufnimmt, ohne diese hinterfragen zu können. Dieser Vorgang der Introjektion findet größtenteils in der Kindheit statt und läuft ohne eigenes Zutun ab. Die so aufgenommenen Normen und Werte müssen dabei nicht mit den Ideen oder der Persönlichkeit des Kindes übereinstimmen, sondern können auch völlig gegensätzlich sein, wodurch nicht selten ein starkes Gefühl der Schuld beim Kind ausgelöst wird.

Auch als Erwachsener werden wir häufig von den durch Introjektion aufgenommenen Werten und Ideen beeinflusst beziehungsweise beeinträchtigt. Wird jemand beispielsweise in einem streng gläubigen Elternhaus erzogen, kann es – obwohl er als Erwachsener Atheist ist und seine Weltanschauung grundsätzlich naturwissenschaftlich geprägt ist – dazu kommen, dass er Scham verspürt, wenn er Gedanken oder Handlungen pflegt, die in seiner Glaubenskirche als moralisch verwerflich gelten.

Frühkindliche Erfahrungen und ihre Auswirkungen

Die Erfahrungen, die ein Kind in den ersten 18 Monaten seines Lebens mit seinem Umfeld, vor allem mit seinen primären Bezugspersonen macht, sind also entscheidend für die seelische und körperliche Entwicklung. Die Personen, zu denen das Kind eine Bindung aufbaut, also eine emotionale Verbindung, müssen das Kind nicht nur sauber halten, füttern und vor Umwelteinflüssen schützen, damit es sich altersgerecht entwickeln kann, sondern vor allem Aspekte wie Nähe, Trost, Schutz und Unterstützung sind elementar. Das Kind muss durch seine Bezugsperson ein hohes Maß an Konstanz und Verlässlichkeit erfahren, sodass es negative Erlebnisse gut verarbeiten und einen gesunden Umgang mit Emotionen wie Trauer, Wut oder Angst erlernen kann. Die Fähigkeit der Affektkontrolle ist wichtig für das eigene Wohlbefinden. Kann sich das Kind selbst beruhigen, ist es weniger auf die Unterstützung von außen angewiesen, fühlt sich kompetenter und selbstsicherer. Zum anderen ist die Emotionskontrolle wichtig, sobald das Kind mit anderen Menschen in Kontakt kommt. Vor allem, wenn der Eintritt in den Kindergarten oder die Schule erfolgt, sollte das Kind in der Lage sein, seine Emotionen zu erkennen und altersgemäß mit ihnen umzugehen.

Lernt das Kind diese Kontrolle nicht, kann dies im Erwachsenenalter dazu führen, dass die Person von heftigen Emotionen überrollt wird und mitunter auch überreagiert. Wutanfälle, übersteigerte Angst oder andere starke Emotionen können die Folge sein. Da der Mensch nicht gelernt hat, sich selbst zu beruhigen und die Emotionen zu kontrollieren, kann er sie nicht alleine stoppen oder in geeignete und gesellschaftlich angebrachte Bahnen lenken.

Dies führt auch dazu, dass sich diese Menschen im Umgang mit anderen schwertun, in Konfliktsituationen schnell aus der Haut fahren oder unangenehm auffallen, weil sie gesellschaftliche

Grenzen überschreiten und ihre Mitmenschen damit verletzen. Dies geschieht keinesfalls mit Absicht, sondern kann durchaus Anlass zu Scham und Reue sein; aber da der Lernprozess nicht erfolgt ist, hat der Betroffene keinen wirklichen Bezug dazu und kann manche Reaktionen seiner Mitmenschen vielleicht gar nicht nachvollziehen.

Ein Mensch ohne gute Emotionsregulierung, also die Fähigkeit, Gefühle in Länge und Intensität zu steuern, kann zum einen unter diesen Gefühlen leiden, von denen er mitunter selbst weiß, dass sie unverhältnismäßig stark sind, zum anderen unter der Außenseiterrolle, die er dadurch mitunter einnimmt. Bereits im Kindheitsalter fällt das Eingliedern in eine Gruppe aufgrund dieser Schwierigkeiten meist nicht leicht und während Kindern und Jugendlichen ein Fehlverhalten mitunter nachgesehen wird, erwartet die Umwelt von einem Erwachsenen, dass er sich altersgemäß verhalten und auch selbst regulieren kann.

Zeigt sich die Bezugsperson anhaltend liebevoll und zuverlässig, bildet das Kind das sogenannte Urvertrauen aus. Laut dem Psychoanalytiker Erik H. Erikson handelt es sich dabei um eine soziale Einstellung gegenüber der Umwelt, die durch eine stabile Personenumgebung in der Kindheit erworben werden kann. Diese emotionale Sicherheit ist ausschlaggebend für die Beziehungsfähigkeit des Kindes, die sich meist bis ins Erwachsenenalter nicht grundlegend verändern wird. Ist das Verhältnis zwischen Kind und Bezugsperson belastet, kann dies zu schwerwiegenden Bindungsstörungen führen, die in einem späteren Kapitel noch näher erklärt werden.

Diese Bindungsstörungen können mit dafür verantwortlich sein, dass sich der Erwachsene, der bestimmte frühkindliche Erfahrungen machen musste, im sozialen Miteinander schwertut, nicht teamfähig ist und deshalb Probleme am Arbeitsplatz hat, in Liebesbeziehungen immer wieder an den gleichen Problemen scheitert, keine Kontakte pflegen kann oder überhaupt Probleme hat, Nähe zuzulassen.

Wie war das bei dir? Weißt du etwas über die ersten 18 Monate deines Lebens?

- Existieren Bilder aus der Zeit deiner Kindheit?
- Kannst du mit jemandem, der dich in dieser Zeit betreut hat, über früher sprechen?
- Mit wem hast du die meiste Zeit verbracht und wo warst du dort?
- Hast du eine Kinderkrippe besucht? Oder warst du bei einer Tagesmutter? Waren deine Eltern beruflich stark eingebunden, sodass deine Betreuung überwiegend durch andere Personen stattgefunden hat?
- Hattest du eine feste Bezugsperson oder mehrere?
- Seid ihr in deiner frühen Kindheit viel umgezogen oder hat sich dein Umfeld aus anderen Gründen immer wieder geändert?
- Bist du in ein stabiles Elternhaus hineingeboren oder gab es immer wieder Umbrüche und Krisen?

Kleinkindalter – Kindergarten und erste Ablösung von zuhause

Auch nach den ersten 18 Monaten sind Kinder noch sehr eng mit ihren Bezugspersonen verbunden und orientieren sich stark an Mama und Papa, mit zunehmendem Alter möglicherweise auch an ihren Geschwistern und Spielkameraden. Je nach individueller Entwicklung und Arbeitssituation der Eltern fällt in die Zeit um den dritten Geburtstag der erste Besuch im Kindergarten.

Wer bereits früher in die Krippe gegangen ist, wird in der Regel weniger Schwierigkeiten damit haben, in die Gruppe der „Großen" zu kommen, aber gerade für Kleinkinder, die überwiegend Zeit daheim mit ihrer Kernfamilie verbracht haben, ist der Eintritt in den Kindergarten der erste größere

Ablösungsprozess von zuhause. Sind die Eltern berufsbedingt dazu gezwungen, die Eingewöhnungszeit nicht anhand der Bedürfnisse ihres Kindes, sondern an den Vorgaben ihrer Vorgesetzten zu gestalten, kann dieser Ablösungsprozess zu einer einschneidenden Erfahrung werden. Hat dein Inneres Kind das Gefühl, dass es damals beim Eintritt in den Kindergarten verlassen und unbekannten und vielleicht wenig sympathischen oder vertrauten Menschen überlassen wurde, kann es sich möglicherweise bis heute hilflos und ausgeliefert fühlen und bis in die Gegenwart versuchen, eine erneute Erfahrung dieser Art zu vermeiden – entweder durch ein intensives Klammern an geliebte Menschen oder durch das Streben nach Kontrolle, um nicht wieder das Gefühl des Ausgeliefertseins zu ertragen.

Vielleicht gehörtest du auch zu den Kindern, die beim Eintritt in den Kindergarten feststellen mussten, dass sie sich nicht so gut in die zu dieser Zeit in den pädagogischen Institutionen vorherrschenden Abläufe eingliedern konnten. Kinder mit starkem Bewegungsdrang erleben mitunter Scham und Frust, wenn sie feststellen, dass sie die Forderungen der Erzieher nicht befrieden können, obwohl sie sich allergrößte Mühe geben, still zu sitzen. Auch sehr schüchterne, hochsensible oder introvertierte Kinder erleben oft, dass sie nicht recht in die Abläufe des Kindergartens passen und fühlen sich mitunter dauerhaft fehl am Platz, wenn sie keine Rückzugsmöglichkeiten haben, um all die Eindrücke in ihrem Tempo verarbeiten zu können.

Erleben sie dann, dass über ihre Grenzen und Bedürfnisse hinweg gegangen wird, weil das Erzieherpersonal nicht immer individuell auf Einzelne eingehen kann, sondern sich am Gros der Gruppe orientiert, kann dies dazu führen, dass die Kinder ihren Charakter, ihre Eigenschaften und Eigenheiten als unerwünscht, hinderlich und weniger wertvoll empfinden. Vielleicht bemühen sie sich dann, sich mehr an das in der Gruppe akzeptierte Temperament anzunähern, vielleicht ziehen sie sich aber auch noch stärker in sich zurück, sondern sich von der Gruppe, zu der sie ohnehin nie recht zu passen scheinen, ab und verweigern möglicherweise sogar die Interaktion, da sie das Gefühl haben, dass sie sowieso nicht aufgeschlossen, mutig oder stark genug sind.

Vielleicht hast du noch Erinnerungen an deine Kindergartenzeit oder du kannst mit Leuten sprechen, die dich aus dieser Zeit kennen, um folgende Fragen zu beantworten?

- Bist du in einen Kindergarten gegangen?
- Hattest du Heimweh nach zuhause oder ist dir der Kindergarteneintritt leichtgefallen?
- Mochtest du deine Erzieherinnen und Erzieher?
- Hattest du Freunde in deiner Kindergartengruppe?
- Warst du oft krank und wolltest nicht in den Kindergarten?
- Konntest du frei spielen?
- Hattest du das Gefühl, die Erzieher und Kinder mochten dich?
- Wurdest du mit deiner Persönlichkeit angenommen oder wurde dir mitgeteilt, dass du dich ändern solltest?

Erfahrungen in der Schule und als Teenager

Dieses Erleben kann sich in einer Schule mit klassischem, striktem Frontalunterricht noch intensivieren. Hier macht das Kind zudem diverse weitere Lernerfahrungen und muss damit zurechtkommen, wenn es in den in der Schule abgefragten Fächern vielleicht weniger leistungsstark ist als in Dingen, die in der Schule nicht abgefragt und benotet werden. Das freie Spielen tritt immer mehr in den Hintergrund und die Wissensvermittlung orientiert sich nicht an dem Interesse und der Neugier des Kindes, sondern einem von Fachkräften festgesetzten Kanon, der für alle Schülerinnen und Schüler einer Altersstufe und Schulform gilt.

Der Psychoanalytiker Erik H. Erikson spricht in seinem Modell zu Persönlichkeitsentwicklung Identität und Lebenszyklus von acht verschiedenen Phasen oder Stufen, die der Mensch in seinem Leben durchläuft. Jede Entwicklungsphase ist bedingt durch gesellschaftliche Rahmenbedingungen und die individuelle altersgemäße Entwicklung des Menschen. Jede Stufe endet in einer Krise, die es zu überwinden gilt.

Die Schulkindphase, von der Einschulung bis zum Übergang zum Teenager, ist laut Erikson geprägt von dem Konflikt zwischen Leistung und Minderwertigkeitsgefühl. Schafft der Mensch es, seine Krise erfolgreich zu bewältigen, trägt dies zu einer stabilen Ich-Identität bei, die zu einer gesunden Persönlichkeit heranwachsen kann. Erikson geht dabei davon aus, dass die gesunde Persönlichkeit sich an die jeweilige gesellschaftliche Umgebung anpassen sollte.

Was ist aber mit Kindern, die aus dem Rahmen fallen und sich aufgrund ihres Temperaments, ihres geistigen oder körperlichen Entwicklungsstands oder anderen Faktoren nicht einfach integrieren können? Warst du beispielsweise ein sehr kreatives oder sensibles Kind? Dann hast du vielleicht gemerkt, dass der klassische Schulbetrieb deinen Wünschen, Bedürfnissen und Interessen sowie deinen individuellen Voraussetzungen eher zuwider gewirkt hat und du dich sehr anstrengen musstest, um dich anzupassen. Es ist keinesfalls falsch, wenn Kinder lernen, sich in eine Gemeinschaft einzufügen – doch wenn deinem Inneren Kind vermittelt wurde, dass du so wie du bist nichts taugst, du zu weich, zu feinfühlig oder zu verträumt bist und deswegen wahrscheinlich sowieso nichts aus dir wird, dann kann dies dazu führen, dass du dir selbst ablehnend gegenüber stehst und dich bei dem Versuch, dich anzupassen, selbst verlierst, mitsamt all der wunderbaren Eigenschaften, die dich und deine Persönlichkeit ausmachen.

Auch der Druck, in verschiedensten Fächern gute Noten zu erzielen, unabhängig von deinen persönlichen Gegebenheiten daheim und deinen Interessen, kann für dich anstrengend und bedrückend gewesen sein – insbesondere dann, wenn du aus einem

Elternhaus stammst, in dem gute Noten wichtiger waren als die persönliche Entwicklung.

In dieser Zeit verlieren viele Heranwachsende die Lust am Lernen und auch die Bereitschaft, sich mit neuen Inhalten auseinanderzusetzen. Dadurch, dass sowohl Lerninhalte als auch Lernweise meist sehr eng vorgeschrieben waren, gab es keine Möglichkeit und keine Zeit, Themen, die dich vielleicht interessiert hätten, zu vertiefen und auch das Ausbilden einer eigenen Meinung zu den Themen war mitunter gar nicht gefragt. Müssen Jugendliche stur Inhalte auswendig lernen und möglichst eins zu eins wiedergeben, um eine gute Note zu bekommen und ist die Menge an Informationen sehr groß, kann dies unter anderem zu einer Verweigerungshaltung führen: „Mir ist das zu viel. Ich schaffe das nicht. Egal, wie sehr ich mich anstrenge, ich bekomme keine gute Bewertung. Ich sehe das anders als mein Lehrer, aber das darf ich ja nicht sagen!" Der Rückzug kann innerlich stattfinden oder offen nach außen getragen werden.

Es ist auch möglich, dass der Jugendliche das Dilemma damit zu lösen versucht, dass er sich im in dieser Altersgruppe berühmt-berüchtigten Bulimie-Lernen versucht: Er lernt also diese große Menge an Wissen ungefragt auswendig, gibt sie eins zu eins wieder und vergisst sie danach. Neugieriges Explorieren, Hinterfragen, Ausprobieren und kreatives Weiterentwickeln sind nicht gefragt. Abweichen vom eng gesteckten Bildungsweg ist nicht vorgesehen. Eigenständiges Herangehen an Probleme wird somit ebenso wenig eingeübt wie das Ausbilden einer eigenen Meinung und der gesunde Umgang mit Scheitern.

Jugendliche, die vielleicht Interesse an Chemie oder Englisch hätten, aber um ihre Abschlussnoten fürchten müssen, wählen vielleicht ein anderes Fach, welches sie weniger interessiert, aber sicherer für den schulischen Erfolgt ist. Da das Eingehen von Risiken sofort weitreichende Konsequenzen zu haben scheint – „Wenn du dich in der Grundschule nicht anstrengst, kommst du nicht aufs Gymnasium! Wenn du dich in der Schule nicht anstrengst, kannst du nicht die wichtigen Leistungskurse belegen! Wenn du dich in der Oberstufe nicht anstrengst, versaust du dir dein Abitur und bekommst keinen Studienplatz!" – wird das für Jugendliche so typische Ausprobieren von verschiedenen Wegen sehr kurzgehalten.

Erikson mit seinem Stufenmodell wertet die 5. Stufe, die Adoleszenz, als wichtigste Phase bei der Ausbildung der eigenen Persönlichkeit eines Menschen. Dazu muss dieser eine stabile Ich-Identität ausbilden können, statt sich in einer sogenannten Ich-Diffusion zu verlieren. Um diese Identität auszubilden, benötigt der Heranwachsende Zeit und Raum, die von seinen Eltern übernommenen Werte und Normen mit denen, die er selbst in seiner Jugend entwickelt oder durch Peer-Groups, Lehrer oder andere Einflüsse entwickelt hat, in Einklang zu bringen und ein neues, sinnvolles Ganzes daraus zu schaffen.

Was aber, wenn dieser Raum zur Persönlichkeitsentwicklung fehlt, weil sich die gesamte Existenz nur um gute Noten dreht? Wurdest du auch zukunftsgerichtet auf Leistung getrimmt, sodass du diese Phase deines Lebens quasi gar nicht vollständig durchleben konntest? Auch das kann dazu führen, dass du als Erwachsener Schwierigkeiten im Alltag hast: Vielleicht fällt dir auf, dass du manche Entwicklungsschritte nicht gehen konntest, die Gleichaltrige in dieser Lebensphase machen konnten und dass du deshalb beispielsweise weniger geschickt im Aufbauen von Freunden oder im Umgang mit Kollegen bist. Vielleicht hast du dich auch so daran gewöhnt, Anweisungen von oben zu folgen, dass du mit einer freien, selbstbestimmten Lebensgestaltung überfordert bist oder du bei der Arbeit deutliche Arbeitsaufträge brauchst, obwohl du doch eigentlich nicht unbeholfen bist. Vielfach ist auch das Verhältnis zu Autoritätspersonen belastet, was dazu führen kann, dass du nicht mit Vorschriften umgehen kannst, du dich innerlich bei Anweisungen sträuben möchtest oder du immer wieder Gegenargumente bringst, obwohl die vielleicht gar nichts zur Sache beitragen und du dich selbst fragst, warum du da jetzt wieder eine Diskussion vom Zaun brechen musstest. Die Angst, wieder bevormundet zu werden, sitzt meist tief und ist dir möglicherweise gar nicht immer in ihrer Erscheinungsform klar, etwa wenn du dich herrisch oder zänkisch zeigst.

Wandere in deiner Erinnerung doch einfach mal in deine Teenager-Zeit zurück und beantworte folgende Fragen:

- Hatte ich viele Freiheiten als Teenager?
- Wurde mir immer gesagt, was ich zu tun hatte oder durfte ich mit dem Alter immer mehr selbst die Verantwortung übernehmen?
- Durfte ich eine Schule der Schulform besuchen, die ich für mich gut fand oder haben meine Eltern diese ausgesucht?
- Standen gute Noten bei mir zuhause im Vordergrund?
- Habe ich des Öfteren die Schule geschwänzt?
- Falls ja, warum habe ich dies getan?
- Konnte ich mich in dem Alter ausprobieren oder war mein Weg strikt vorgezeichnet?
- Hatte ich ein Problem mit Autoritäten?

Zuschreibungen aus der Kindheit – Giftpfeile aus der Vergangenheit

Häufig erleben Kinder in einer Gruppe auch, dass ihnen eine bestimmte Rolle zugeschrieben wird, sie beispielsweise der Clown der Gruppe, der Raufbold oder das Sensibelchen sind. Solche Zuschreibungen können sich bei einem kleinen Kind wie eine statische Tatsache festbrennen, sodass an der Rolle festgehalten wird, obwohl sie vielleicht gar nicht oder nicht mehr dem eigentlichen Charakter desjenigen entspricht. Als Erwachsener bemerken sie dann, dass sich ihr Leben nicht richtig anfühlt, sie etwas verändern möchten, aber gar nicht so genau benennen können, was.

Wer als Kind immer wieder negative Kommentare über sein Äußeres gehört hat, sei es von Gleichaltrigen, der großen Schwester oder der Nachbarin, der trägt diese Sätze häufig auch bis ins hohe Alter wie Giftpfeile mit sich herum und tut entweder alles dafür, um das Gegenteil zu beweisen oder richtet sich in dieser Aussage ein. „Die Elli hat ja immer gesagt, dass ich nicht erwarten kann, dass sich eine Frau in mich verliebt, so klein wie ich bin. Da ist es ja kein Wunder, dass es nichts wird mit der Liebe!" „Schon wieder eine Absage. Naja, meine Schwester hat ja schon immer gesagt, ich hätte so stechende Augen. Kein Wunder, dass die niemanden mit Ganovenvisage einstellen wollen. Wahrscheinlich muss ich den Traum vom Job mit Kundenkontakt einfach aufgeben." Diese Glaubenssätze hat dein Inneres Kind so tief in sich verankert, dass du sie als erwachsener Mensch gar nicht mehr in Frage stellst, sondern als Fakt hinnimmst und demnach auch gar nicht auf die Idee kommst, etwas verändern zu wollen.

Versuchst du hingegen Anerkennung durch die Perfektionierung deiner selbst zu erzielen, stehst du vor einem ungeheuren Kraftakt, der oft in einem übertriebenen Schönheits- oder Schlankheitswahn und stark kontrolliertem Verhalten endet. Du kannst nicht glauben, dass du um deiner selbst willen geliebt werden kannst, sondern denkst, dass dir Zuneigung und Anerkennung nur dann zustehen, wenn du eine bestimmte Leistung erbringst. Dieses Verhalten legen häufig auch Erwachsene an den Tag, die in ihrer Kindheit viel mit anderen Gleichaltrigen oder Geschwistern verglichen wurden und dabei nicht immer positiv abschnitten. Wenn der Lehrer bei der Zeugnisvergabe bekümmert auf deine Noten sieht und den Kopf mit den Worten „Tztztz, und dabei bist du doch eine Meyer – solche Sorgen hatten wir mit deinem Bruder Thorsten nie! Der war immer der Klassenbeste!" schüttelt, deine Oma drängelt, du solltest doch mal nicht so schüchtern

Wie unsere Kindheit unser Erwachsenenleben beeinflusst

und mundfaul sein, sondern lieber so offen wie deine Schwester Sabine oder du mitbekommst, dass deine beste Freundin überall hin eingeladen wird, du aber nicht, weil du den anderen Kindern zu langweilig bist, dann bleiben einem diese Erlebnisse leider sehr lebendig in Erinnerung. Selbst wenn du es schaffst, diese ganz weit nach hinten zu schieben, wirst du nicht so gelöst und frei handeln, wie du es ohne diese Erfahrungen machen würdest, wenn du sie nicht gut verarbeiten konntest.

Dabei sind diese Äußerungen nicht immer nur die bösen Sprüche von gehässigen Leuten, die dir weh tun wollten. Mitunter handelt es sich auch einfach um subjektive Bemerkungen oder unbedachte Aussagen, die der andere gar nicht böse gemeint hat. Allerdings können Sprüche wie das vom Onkel an der Kaffeetafel daherposaunte „Nana, mein Mädchen, ein Stück Kuchen reicht! Wir wollen ja keine Dickmadame werden, oder?" oder „Lass das lieber deine Schwester machen, du bist immer so zappelig, nachher geht das wieder nur kaputt, wenn du das in der Hand hast!" deine Kinderseele, gerade wenn du sie häufig hören musstest, sehr verletzen und dir das Gefühl geben, dass du falsch, nicht liebenswert oder zumindest dringend zu ändern bist.

Der Versuch, zu dem zu werden, was du für die anderen sein sollst, kann dazu führen, dass du auch als Erwachsener Konflikten aus dem Weg gehst und Harmonie vor die Durchsetzung deiner eigenen Bedürfnisse und Wünsche setzt. Bloß keinen Streit anfangen, lieber den Mund halten, besser erdulden! Sonst mag mich nachher keiner und ich werde allein gelassen. Die anderen akzeptieren mich ohnehin nur, weil ich immer den Kuchen backe, sie sich bei mir ausheulen können, ich ihre Aufgaben übernehme oder immer für sie da bin. Du lässt dir viel gefallen, versuchst, es allen recht zu machen und neigst dabei dazu, dich selbst zu vergessen. Dabei willst du ja einfach nur geliebt werden!

Leider führen die weiter oben erwähnten Erfahrungen mitunter auch dazu, dass Erwachsene mit einem dermaßen verletzten und verunsicherten Inneren Kind bei jeder Form von Kritik sofort der Mut verlässt, sie jede negative Aussage direkt auf sich beziehen und bei allem einen Angriff wittern, auch wenn es vielleicht vom Gesprächspartner ganz anders gemeint war. Die Alarmsensoren schlagen viel schneller aus und der ganze Mensch ist rund um die Uhr auf der Hut, weil er erneute Verletzungen vermeiden will. Bei dem verzweifelten Versuch, sich zu schützen, schießt dieser Mensch übers Ziel hinaus und vermutet Gemeinheiten, wo gar keine sind. Aussagen, die anderen lapidar erscheinen, wirken auf diese Personen wie riesige Verletzungen, denn das Innere Kind fühlt sich an alte Situationen erinnert und zieht sich sofort in sein Schneckenhaus zurück. Vielleicht weißt du manchmal selbst gar nicht, warum dich dieser oder jener Satz jetzt schon wieder so trifft oder warum du bei dieser Situation jetzt sofort in Tränen ausgebrochen bist und es ist dir unangenehm und peinlich, weil du die Verbindung zu deinem verschreckten Inneren Kind nicht knüpfen kannst.

Auf das Umfeld wirken Erwachsene mit solch einem Verhalten meist mimosenhaft oder gar überdramatisch und nicht selten kommt es vor, dass sie sich zurückziehen, weil die Befürchtung da ist, schon wieder etwas Falsches zu sagen, was ja gar nicht so gemeint war. Wenn es bei jedem flapsigen Spruch, jeder Neckerei oder jeder sachlichen Kritik zu einem Tränenausbruch oder einem totalen Rückzug kommt, ist das allerdings nicht nur für das Umfeld, sondern auch für die betroffene Person sehr anstrengend – zumal sich diese meist sehr im Klaren darüber ist, dass dieses Verhalten nicht normal ist und Menschen eher verschreckt als anzieht.

Aber auch das genaue Gegenteil im Verhalten ist möglich: Wer in seiner Kindheit erlebt hat, dass er immer wieder übergangen wurde und um Aufmerksamkeit und seinen Platz kämpfen musste, wird diese Einstellung möglicherweise bis ins Erwachsenenalter verinnerlicht haben. Kinder, die zurückstecken mussten, weil ihre Geschwister oder ein Elternteil krank waren oder aus einem anderen Grund viel Aufmerksamkeit brauchten oder die aufgrund der überhöhten Ansprüche der Eltern nie gut genug waren, fordern Aufmerksamkeit oder Bestätigung als Erwachsene mitunter sehr direkt ein, zeigen sich herrisch und dominant und versuchen, Beziehungen und Situationen zu kontrollieren, um die so stark vermisste Zuwendung zu erhalten. Dies kann auch dazu führen, dass sie ihre Mitmenschen eher verstören oder wegstoßen, was die früher gemachten Erfahrungen ja scheinbar bestätigt. So tritt ein Teufelskreis ein, bei dem das verletzte Innere Kind immer vehementer versucht, sich Zuneigung und Aufmerksamkeit zu sichern und zu immer drastischeren Methoden greift. Wird ihnen widersprochen, verteidigen sie ihre Position über alle Maßen und auf freundlichen Spott oder einen ironischen Spruch können sie nicht mit einem Lachen reagieren, sondern gehen direkt zum Angriff über, um sich zu schützen und klar zu machen, dass sie und ihre Meinung wichtig sind. Der mühsam erkämpfte Platz scheint immer in Gefahr und es wird keinen Millimeter zurückgewichen, auch wenn das bedeutet, dass andere Leute brüskiert werden.

Kindern, denen wenig Raum für das Entwickeln und Erkunden der eigenen Gefühlswelt gegeben wurde oder denen früh signalisiert wurde, dass sie zu viel fühlen, können als Erwachsene dazu neigen, Emotionen zu verdrängen und alle Situationen zu rationalisieren. Auch Verletzungen von früher, die dein Inneres Kind noch mit sich herumträgt, werden wegrationalisiert, damit du ja nicht den Schmerz fühlen musst, der dich dabei getroffen hat.

Leider führt das Kleinreden oder Zerreden von negativen Gefühlen meist dazu, dass du auch die Emotionen des positiven Spektrums nicht mehr so gut fühlen kannst und dass du dir oder deinem Umfeld als verkopft, wenig spontan und verkrampft erscheinst. Vielleicht machen dir deine eigenen Gefühle Angst und du willst gar nicht so genau wissen, was da in deiner Brust schlummert. Die Verbindung zu deinem Inneren Kind ist vermutlich nicht ausgeprägt, sondern du nimmst dich nur als erwachsener, rational denkender Mensch wahr, der Logik und Vernunft einen besonderen Stellenwert in seinem Leben einräumt, für Fantasie, Liebe und Lebensfreude aber wenig übrig hat.

Musstest du als Kind auf die schönen Dinge des Lebens verzichten und hast du immer wieder erlebt, dass Wünsche nicht berücksichtigt wurden, kann es auch sein, dass du als Erwachsener in eine falsche Art der Zuneigungsbekundung fällst: Du willst dir alle Bedürfnisse sofort erfüllen und neigst dazu, viel zu viel einzukaufen, zu viel zu feiern oder zu viel zu naschen. Unmittelbare Wünsche lassen sich leichter und schneller erfüllen als jene, die etwas Ausdauer und Zeit benötigen. Wer aus einem sehr strengen Elternhaus kam, möchte sich als Erwachsener nicht mehr alles verbieten und greift so großzügig zu, dass es viel zu viel wird.

Fragen, die du dir stellen kannst, sind unter anderem:

- Wurdest du oft mit anderen Kindern verglichen?
- Wurde dir mitgeteilt, dass du dich ändern solltest?
- Hat man dir gesagt, du seist zu sensibel/ernst/weich?
- Ist dir eine Aussage in Erinnerung geblieben, die jemand über dich getroffen hat und die dich verletzt hat?
- Wurde dir eine Rolle zugeschrieben, etwa der Kasper, die Tollpatschige, der Langsame?
- Falls ja, hast du dich in dieser Rolle eingerichtet oder hast du dich dagegen gewehrt?
- Gibt es bestimmte Wörter oder Sprüche, die dich heute noch aus dem Nichts auf die Palme bringen, weil sie dich an etwas von früher erinnern?

Die vier Bindungstypen – wieso mache ich in Beziehungen immer wieder die gleichen Erfahrungen?

In der Psychologie und auch in der Pädagogik arbeiten Fachkräfte mit der sogenannten Bindungstheorie, auch bekannt unter dem englischen Fachbegriff „theory of attachement". Eine der Hauptannahmen der Theorie ist, dass das Bedürfnis, enge Beziehungen zu anderen Menschen aufzubauen, dem Menschen angeboren ist und diese Beziehungen mit starken Emotionen einhergehen. Vertreter der Bindungstheorie wie etwa James Robertson, ein schottischer Psychoanalytiker, John Bowlby, ein britischer Kinderpsychiater und Psychoanalytiker und Mary Ainsworth, eine kanadisch-amerikanische Psychologin untersuchen auch, wie Menschen Bindungen eingehen und aufbauen und wie die Beziehungen aufgrund von frühkindlichen Erfahrungen beeinflusst werden können. So werden in der Bindungstheorie je nach Modell verschiedene Bindungstypen unterschieden. Bei dem Modell, das die Bindung zwischen kleinem Kind und der primären Bezugsperson, meist der Mutter, analysiert, werden mittlerweile vier Bindungsstile unterschieden:

1. der sichere Bindungsstil
2. der ängstlich-ambivalente/unsicher-ambivalente Bindungsstil

3. der gleichgültig-vermeidende/unsicher-vermeidende Bindungsstil
4. der desorganisierte Bindungsstil

Der sichere Bindungsstil – beste Voraussetzungen für harmonische Beziehungen

Kinder mit einer sicheren Bindung, auch B-Typ genannt, lernen, dass sie von ihrer Bezugsperson all die Wärme, Nahrung, Sicherheit und emotionale Zuwendung bekommen, die sie brauchen, um sich gut zu entwickeln. Durch das Gefühl der Sicherheit kann das Kind neue Erfahrungen machen und auch aufregende Situationen aushalten, da es um die Rückzugsmöglichkeit bei der Bezugsperson weiß. Als Erwachsener fühlen sich Menschen mit einem sicheren Bindungsstil in der Regel sicher in zwischenmenschlicher Aktion. Sie schätzen sich selbst wert und gehen Beziehungen mit einem gesunden Urvertrauen ein. Verlustängste plagen sie ebenso wenig wie die Sorge, nicht liebenswert genug zu sein.

Natürlich erleben auch Personen mit einem sicheren Bindungsstil negative Gefühle in zwischenmenschlichen Interaktionen; diese führen jedoch nicht dazu, dass die Person sich von anderen Personen abwendet oder generell unsicher in ihren Bindungen ist. Schließlich hat sie bereits bei ihrer Bezugsperson gelernt, dass diese zuverlässig für sie und ihre Bedürfnisse da ist und Krisen oder Schwierigkeiten gemeinsam gemeistert werden können. Da die Kinder eine gesunde Stressregulierung bereits frühzeitig erlernen konnten und die Möglichkeit dazu hatten, immer wieder in einen beruhigten Zustand zurück zu finden, können sie auch als Erwachsener auf dieses Rüstzeug zurückgreifen und haben ein innerliches Urvertrauen, dass es ihnen ermöglicht, Emotionen offen zu zeigen, zu erkennen und zu transportieren.

Laut einer Studie von Beck wird der Prozentsatz von Menschen mit einem sicheren Bindungsstil mit 60 bis 70 Prozent benannt. Bist du der Auffassung, dass du einen insgesamt sicheren Bindungsstil hast, du aber in ganz bestimmten Situationen immer wieder Schwierigkeiten beim Kontakt mit anderen Menschen oder in deinen Liebesbeziehungen hast, kann die Arbeit mit dem Inneren Kind sehr hilfreich sein, um herauszufinden, ob es möglicherweise ein Schlüsselerlebnis gab, dass zu einem sehr spezifischen Glaubenssatz geführt hat, der jetzt dazu beiträgt, dass diese Kontakte unbefriedigend verlaufen. Erlaube dir, diese Muster zu hinterfragen. Es bedeutet keineswegs, dass du undankbar bist gegenüber den Menschen, die dir das Entwickeln eines sicheren Bindungsstils ermöglicht haben. Vielmehr gibst du dir damit die Chance, das Erlernte noch weiter auszubauen, sodass es dir und somit indirekt auch wieder deinem Umfeld besser geht.

Hast du einen guten Kontakt zu deinen primären Bezugspersonen, meist Mutter oder Vater oder auch Oma, Opa oder ältere Geschwister, kannst du auch das Gespräch suchen und sie fragen, ob sie sich an ein einschneidendes Erlebnis erinnern können, was möglicherweise zu deinen Schwierigkeiten beigetragen haben kann. Achte dabei gut auf dein Inneres Kind und dich und führe dir immer wieder vor Augen, dass du aus einer sicheren Position aus startest, zu der du jederzeit zurückkehren kannst, wenn du magst oder musst.

Der ängstlich-ambivalente/unsicher-ambivalente Bindungsstil – hin und her gerissen

Der C-Typ mit einem unsicher-ambivalenten Bindungsstil erlebt kein nachvollziehbares und zuverlässiges Verhalten durch seine Bezugsperson, sondern diese zeigt sich widersprüchlich. Da das Kind seine Bindungsperson nicht einschätzen kann, befindet es sich dauerhaft im Stress und versucht, durch permanente

Beobachtung herauszufinden, wie und ob die Person mit einem zugewandten und liebevollen Verhalten reagieren wird und wann das Kind mit Ablehnung zu rechnen hat. Da keine Konstanz gezeigt wird und kein Muster erkennbar ist, baut das Kind nicht wie der B-Typ eine unbeschwerte, positive Erwartungserhaltung gegenüber seiner Bezugsperson und anderen Menschen auf und kann sich auch nicht frei entwickeln, da weniger Raum für Erkundungsverhalten zur Verfügung steht.

Elaine Aron geht davon aus, dass diese Inkonsequenz und der nicht zu durchschauende Wechsel von fast zu intensiver Zuwendung, vielleicht schon überfürsorglicher Behandlung und Ignoranz dazu führen kann, dass diese Kinder als Erwachsener unsicher in ihren Beziehungen sind und nicht darauf vertrauen, liebenswert zu sein. Die Angst, verlassen zu werden, ist häufig sehr groß und zeigt sich in den Beziehungen durch verschiedenste Anstrengungen, für das Gegenüber interessant oder attraktiv zu sein und zu bleiben und das Interesse zu erhalten.

Auch benötigen viele Menschen dieses Bindungstyps eine stetige Rückversicherung, da sie die Innere Sicherheit nicht aus sich selbst heraus generieren können. Erkennst du dich in dem C-Typ wieder, kannst du in der Arbeit mit deinem Inneren Kind damit beginnen, dir selbst eine Konstante zu sein. Wenn du dich zuverlässig gut um dich kümmerst, dein Wohlbefinden ernst nimmst und weder aus Bequemlichkeit noch aus Angst darüber hinweggehst, sondern aktive Selbstfürsorge betreibst, erlebt dein Inneres Kind die lang vermisste Konsequenz und erkennt, dass da jemand ist, der zuverlässig ist. Dadurch, dass du dir selbst gegenüber vertrauensvoll begegnest und dem Inneren Kind gegenüber vertrauenswürdig bist, kannst du mit der Zeit lernen, aus dir selbst heraus eine gewisse Grundsicherheit zu entwickeln. So bist du nicht mehr auf die ständige Bestätigung von außen angewiesen und du hast mehr Zeit und Kraft, dich auf andere Dinge zu konzentrieren. In deinen Beziehungen bist du dadurch möglicherweise weniger fordernd und ängstlich und euch bleibt mehr Raum für die schönen Dinge des

Lebens und eine gewisse Leichtigkeit kann sich wieder ausbreiten. Die Angst, verlassen zu werden, tritt in den Hintergrund und du kannst deinem Lieblingsmensch glauben, dass er dich wirklich mag. Dadurch musst du auch nicht immer wieder neue Wege finden, dich der Liebe deines Partners zu vergewissern und für ihn spannend zu bleiben, was eine deutliche Entlastung für euch darstellen wird.

Die Beschäftigung mit solch frühkindlichen Erlebnissen kann sehr anstrengend und fordernd sein, sodass du dich und dein Inneres Kind gut umsorgen solltest. Erlaube dem Inneren Kind auch, das Erlebte zu betrauern oder darüber wütend zu sein. Mache dir aber bewusst, dass du jetzt als starker Erwachsener in einer ganz anderen Position bist und die ehemals gefühlte Abhängigkeit der Vergangenheit angehört und du jetzt das Ruder in die Hand nehmen kannst, um dein Leben in die Richtung zu lenken, die du dir für dich und dein Inneres Kind wünschst.

Der gleichgültig-vermeidende/unsicher-vermeidende Bindungsstil – ich brauche dich nicht!

Bei dem gleichgültig-vermeidenden/unsicher-vermeidenden Bindungsstil erleben Kinder überwiegend Ablehnung von ihrer Bindungsperson. Versuche, Schutz, Unterstützung oder Liebe zu bekommen, werden von der Bezugsperson abgeblockt. Dadurch neigen die Kinder irgendwann dazu, ihre Bezugsperson in schwierigen Situationen nicht mehr aufzusuchen, obwohl sie nachweislich Stress, Angst oder Trauer empfinden. Sie haben die Erfahrung gemacht, dass sie zurückgewiesen werden, unabhängig davon, wie sie sich verhalten und ob sie in emotionaler Bedrängnis sind, oder nicht. Um nicht immer wieder enttäuscht zu werden und den Schmerz durch Ablehnung zu erfahren, verweigern diese Kinder Beziehungen aktiv.

Dieses Verhalten sollte nicht mit dem eines eigenständigen Kindes verwechselt werden. Das eigenständige Kind begegnet

Situationen aus freier Wahl selbstständig und weiß, dass es bei Bedarf bei seiner Bezugsperson Schutz findet. Das Kind des A-Typs oder unsicher-vermeidenden Bindungsstils erlebt keine Wahlmöglichkeit und entscheidet sich für das Vermeiden von Interaktionen mit der Bezugsperson, um Schmerz durch Ablehnung zuvorzukommen. Als Erwachsener sind Menschen dieses Bindungsstils meist diejenigen, die sich als sehr unabhängige Personen präsentieren, die kein Interesse an Beziehungen haben und sogar auf diese herabblicken oder gelebte Bedürftigkeit anderer als unangenehm oder verwerflich erleben. Zuneigungen wehren diese Menschen häufig ebenso ab wie Kontaktversuche, obwohl sie sich vielleicht innerlich danach sehnen. Aus Angst vor erneuter Ablehnung oder Schmerz gehen sie aber gar nicht erst das Risiko einer Beziehung zu anderen Menschen ein und werten ein Bedürfnis nach Nähe als Schwäche ab.

Erkennst du dich in dieser Gruppe wieder, wird es für dich vermutlich anfangs nicht ganz einfach sein, dir ein Bedürfnis nach Nähe, Zuwendung oder Liebe überhaupt ein- und zugestehen zu können. Meist haben sich Menschen dieses Bindungstyps ein nach außen sehr erfolgreich wirkendes Leben aufgebaut und die immer wieder betonte Überzeugung, man bräuchte keine engen Bindungen, denn diese würden einen nur aufhalten, passen nicht zu der vielbeschäftigten eigenen Person oder man hätte schlichtweg kein Interesse an Freundschaften und Beziehungen, sind wie ein Mantra in Fleisch und Blut übergegangen, bis die Personen diese Äußerungen sogar selbst glauben. Dies hat nichts mit Asexuellen oder A-Romantikern oder anderen Personen auf diesem Spektrum zu tun, denn anders als bei den eben genannten besteht bei Personen des A-Typs durchaus ein innerer Wunsch nach Nähe, Zuwendung und Liebe. Das Innere Kind hat die frühen negativen Erfahrungen nicht verarbeiten können und versucht, dich als Erwachsenen vor erneuter Zurückweisung oder Verletzung zu schützen, indem es keine Bindungen zulässt. Dies kann sich nur auf sehr enge Bindungen wie Liebesbeziehungen beziehen, aber auch Freundschaften und Kontakte zu Arbeitskollegen einschließen.

Als Mensch mit einem gleichgültig-vermeidenden Beziehungsstils ist es ratsam, dir viel Zeit und Raum zu geben, wenn du mit deinem Inneren Kind arbeiten willst. Diese Arbeit kann sehr hilfreich sein, weil es dir möglicherweise leichter fällt, einem Kind das Bedürfnis nach Schutz, Nähe und Liebe zuzugestehen als dir. Beginne damit, dein Inneres Kind zu umsorgen und ihm diesen elterlichen Schutz zukommen zu lassen. Bist du soweit, dass du dein Inneres Kind liebevoll umhegen kannst, kannst du dich vielleicht auch selbst mehr für Zuwendung von außen öffnen und Menschen, die dir liebevoll begegnen wollen, leichter in dein Leben lassen.

Der desorganisierte Bindungsstil – ich habe Angst vor dir, aber ich brauche Nähe

Die Bindungstheorie wurde erst wesentlich später um den desorganisierten Bindungsstil ergänzt, bei dem Kinder zum Teil eine Mischung aus dem unsicher-vermeidenden Bindungsstil und dem unsicher-ambivalenten Bindungsstil zeigen und mitunter auch durch andere stark von der Norm abweichende Verhaltensweisen auffallen. Dies rührt daher, dass die Kinder durch die Bindungsperson, bei der sie Nähe und Schutz bekommen sollten, Angst erfahren.

Ist die Bindungsperson Auslöser für Angst oder Stress – entweder durch bewusste oder unbewusste körperliche oder seelische Misshandlungen – und zeitgleich die einzige Quelle, von der das Kind Zuwendung und Schutz erfahren kann, sieht es sich in einem konstanten Dilemma gefangen, welches es nicht auflösen kann. Einen Bindungsstil zu erlernen wird so unmöglich, denn die Botschaften, die das Kind bekommt, sind widersprüchlich und lassen sich nicht vereinbaren. Da das Kind quasi gezwungen ist, trotzdem mit seiner Bezugsperson zu interagieren, weil sich diese dem Kind immer wieder nähert, wenn auch verletzend, und diese nicht ignorieren kann wie der gleichgültig-vermeidende Bindungstyp, besteht keine Chance, dieser Bindung zu entkommen.

Als Erwachsene wollen Menschen mit diesen frühkindlichen Erfahrungen und dem D-Bindungsstil zwar häufig Bindungen aufbauen, sie haben aber aufgrund der gemachten Erfahrung Angst vor anderen und sind dauerhaft übererregt. Sie haben keine Erfahrungen im Gestalten und Pflegen von gesunden Beziehungen ohne toxische Dynamik und Machtgefälle. Auch Kinder, deren Bezugspersonen selbst stark ängstlich oder traumatisiert waren und aufgrund dessen Angst auf das Kind übertragen haben, können keinen funktionierenden Bindungsstil entwickeln und fallen häufig in die Gruppe des D-Bindungsstils. Sie zeigen sich als Erwachsener im Umgang mit ihren Mitmenschen desorgansiert, furchtsam und nicht konstant.

Ganz wichtig: Hast du als Kind schwerwiegende Erfahrungen im Umgang mit deiner Bezugsperson oder anderen Menschen machen müssen, solltest du unbedingt professionelle Hilfe in Anspruch nehmen. Gerade bei traumatischen Kindheitserlebnissen kann die Arbeit mit dem Inneren Kind zwar sehr erfolgsversprechend sein – die Begleitung durch eine geschulte Fachkraft gilt hier allerdings als unbedingte Voraussetzung, damit du die Vergangenheit sicher und in einem geschützten Rahmen bewältigen kannst, in dem du zur Not aufgefangen werden kannst.

Arbeit mit dem Inneren Kind – ist das etwas für mich?

Findest du dich in einer oder auch mehreren der Beschreibungen wieder, ist es gut möglich, dass du von der Arbeit mit dem Inneren Kind profitieren kannst. Der Ansatz lässt sich für ganz unterschiedliche Problemstellungen nutzen und kann dir dabei helfen, Erfahrungen aus der Kindheit ins Bewusstsein zu holen, zu verarbeiten und abzuschließen, sodass du keine frühkindlichen Altlasten mehr mit dir herumschleppen musst und dich frei entfalten kannst. Schaffst du es, vermeintlich wahre Glaubenssätze als übernommene subjektive Aussagen zu enttarnen, kannst du dir selbst viel offener begegnen und dich ganz neu kennenlernen.

Ja, vielleicht war es einmal so, dass du das schüchterne Kind warst, das immer die beste Freundin vorgeschickt hast, aber jetzt bist du erwachsen und kannst selbst für dich und deine Wünsche eintreten. Du kannst dir selbst eine gute Bezugsperson sein, denn auch wenn du vielleicht in deiner Kindheit kein entsprechendes Vorbild hattest, weißt du jetzt als Erwachsener, worauf es ankommt und was für dich wichtig gewesen wäre.

Die Arbeit mit dem Inneren Kind kann dir Wege aufzeigen, wie du dir selbst mit elterlicher Fürsorge begegnest und den kindlichen Anteil in dir annehmen kannst. Wichtig ist dabei auch, dass du dadurch lernen kannst, auf eine gesunde Weise für dich zu sorgen, denn eine ungehemmte Bedürfnisbefriedigung macht nicht immer so wunschlos glücklich, wie es im ersten Augenblick scheint. Ein verantwortungsbewusster Umgang mit Bedürfnissen und Wünschen sorgt dafür, dass du insgesamt zufriedener bist und dein Potenzial entdecken und auch entfalten kannst. Dadurch, dass du früh erlittene Verletzungen und Enttäuschungen hinter dir lassen kannst, kannst du vielleicht dadurch belastete Beziehungen angenehmer und entspannt gestalten, toxische Beziehungen erkennen und aufgeben und positive Beziehungen intensivieren und so gestalten, wie es dir und deinem Gegenüber guttut.

Wichtig bei der Arbeit mit deinem Inneren Kind ist ein gewisses Maß an Geduld und Einfühlungsvermögen, denn wenn du schon lange keinen Kontakt mehr zu deinen kindlichen Anteilen hast, kann es etwas dauern, bis du zu diesen eine Verbindung aufbaust. Gib dir die nötige Zeit und freue dich auf eine spannende und abwechslungsreiche Reise zu mehr Ausgeglichenheit und Lebensfreude! Zieh bitte auch in Betracht, dass die Begegnung mit deinem Inneren Kind anstrengend oder traurig sein kann, etwa wenn du dich an eine unfaire Behandlung durch deine Eltern oder Lehrer erinnerst, du dich mit verletzenden Aussagen deiner Geschwister oder erlittenen Hänseleien auseinandersetzt oder du dich an die Einsamkeit erinnerst, die du im Kindergarten oder in der Schule gefühlt hast. Achte bei der gesamten Arbeit immer gut auf dich und sei nicht traurig, wenn es mal einen Tag nicht so gut klappt wie an den anderen und sich das Innere Kind so gar nicht hervorlocken lassen möchte. Deine Tagesverfassung ändert sich und die Arbeit mit dem Inneren Kind ist ein Prozess, der Geduld und Ausdauer erfordert und nicht von einem Tag auf den anderen abgeschlossen werden kann.

Zudem ist ein früh erlerntes Verhalten schwer zu ändern. Du ziehst immer zuerst den linken Socken an? Dann starte ab morgen doch mal mit dem rechten! Du wirst dich wundern, wie lange es dauert, bis du dich nicht mehr bewusst daran erinnern musst und es wird immer wieder Tage geben, an denen du trotz bester Vorsätze doch mit dem linken Socken beginnen wirst. Mit Glaubenssätzen verhält es sich ähnlich. Du hast sie so oft zu hören bekommen und dir selbst gesagt oder gedacht, dass es eine ganze Weile dauern wird, bis anderen Gedanken bereitwillig Platz eingeräumt wird. Du kannst dir diese vermeintlichen Wahrheiten wie einen Pfad vorstellen, der so oft gegangen wurde, bis ein fester, platt getrampelter Weg entstanden ist. Der andere Weg ist zwar deutlich schöner, aber viel mühsamer, weil du ihn noch nicht oft gegangen bist und alles zugewuchert ist und du auch nicht genau weißt, was auf dich zukommt. Trau dich trotzdem, diesen neuen Weg zu gehen! Sei aber auch nicht traurig, wenn du nach einem anstrengenden Tag im Büro oder Zoff mit den Kids doch mal wieder den einfacheren Trampelpfad eingeschlagen hast. Jeder Tag bietet eine neue Chance und mit der nötigen Portion Verständnis meisterst du auch kleine oder größere Umwege problemlos!

Stelle dir einfach einmal folgende Fragen, um zu sehen, ob das Arbeiten mit dem Inneren Kind etwas für dich ist:

- Hast du den Verdacht, dass dich in der Kindheit erlebte Verletzungen bis heute belasten?
- Möchtest du mit bestimmten Erfahrungen in deiner Kindheit abschließen?
- Kannst du dir vorstellen, mit einem imaginativen Verfahren zu arbeiten?
- Nimmst du gerne verschiedene Rollen ein?
- Würde es dir leichter fallen, gut für dein Inneres Kind zu sorgen, statt für dich als erwachsene Person?
- Sehnst du dich danach, deine Vergangenheit annehmen zu können?
- Wärst du gerne selbstbewusster und dir deines Selbstwerts bewusst?
- Möchtest du nicht mehr dienliche Schutzmechanismen ablegen?
- Möchtest du deine Glaubensmuster ändern und dich selbst in einem neuen Licht sehen?

- Möchtest du die Verantwortung für dein Lebensglück übernehmen?

Was ist das Innere Kind überhaupt?

Das Innere Kind ist ein theoretisches Konzept, bei dem sich der Nutzer seine kindlichen Anteile, Erfahrungen, Emotionen und Erlebnisse vergegenwärtigt und mit ihnen arbeitet, in dem er neben seinem erwachsenen Ich auch ein vorgestelltes kindliches Ich berücksichtigt. Es werden also mehrere Unterinstanzen vorgestellt, die verschiedene Aufgaben übernehmen.

Während das erwachsene Ich – vergleichbar mit Sigmund Freuds Ich – die Hauptantriebskraft bei der Bewältigung deines Alltags als Erwachsener ist und Aufgaben übernehmen kann, wie Planen, Risiken einschätzen, durchdachte Entscheidungen treffen oder Verantwortung tragen, ist das Innere Kind deutlich weniger rational und als stellvertretendes Bild gedacht für all die positiven und negativen Prägungen aus unserer Vergangenheit und die damit verbundenen Gefühle, Weltanschauungen und Glaubenssätze.

Das Verfahren Inneres Kind wird sowohl in der psychiatrischen als auch in der psychotherapeutischen Arbeit verwendet und findet auch Anwendung in populärwissenschaftlichen Lebenshilfe-Konzepten. Thematisiert wurde das Innere Kind unter anderem von Margaret Paul, Erika Chopich oder John Bradshaw in ihren Büchern, in Deutschland genießt das Thema durch die Werke von Stefanie Stahl oder Michael Mary seit einigen Jahren viel mehr Aufmerksamkeit. Die Anfänge der Arbeit mit diesem Konzept lassen sich aber viel früher feststellen, auch wenn sie dort noch nicht direkt so benannt wurden. In den Arbeiten von Sigmund Freud wird mit einem ähnlichen Modell gearbeitet, bei dem die kindlichen Anteile sich auf die Entwicklung der Persönlichkeit und frühkindliche Erfahrungen sich auch auf das Leben im fortgeschrittenen Alter auswirken. Er spricht von einem Modell mit drei Instanzen, dem Ich, dem Es und dem Über-Ich. Das Ich entspricht dem heute in der Arbeit mit dem Inneren Kind gedachten Erwachsenen-Ich, während das Es mit seinem Wunsch nach Bedürfnisbefriedigung und ungehemmten Emotionen dem Inneren Kind entspricht. Das Über-Ich wird in einigen Ansätzen mit einem Eltern-Ich oder einer inneren kritischen Instanz gleichgesetzt, die die erzieherischen Anteile übernimmt, das moralische Gedächtnis bildet, aber auch recht streng Fehler beanstanden kann.

Seit den 1990ern wird bei der Arbeit mit dem Inneren Kind in der Regel meist folgende Aufteilung des Ichs vorgenommen: Der Nutzer des Konzepts hat ein erwachsenes Ich, das mit seinem heutigen Kenntnis- und Erfahrungsschatz in Kontakt zu dem Kind-Ich tritt. Das Erwachsenen-Ich kann beobachten, analysieren, reflektieren und neu bewerten und durch die Interaktion mit dem Inneren Kind wieder Zugang zu seinen frühkindlichen und kindlichen Gefühlen, Erlebnissen und Erfahrungen finden. Die kindlichen Empfindungen treffen auf die gemachte Lebenserfahrung des Erwachsenen und die veränderte Position desselben. Da er als mündiger Erwachsener nicht mehr in einer Form von Abhängigkeit verharren muss, kann er den Ängsten, der Wut oder den Verlusterfahrungen des Inneren Kindes ganz anders begegnen und neue Kompetenzen entwickeln, um mit deren Auswirkungen hilfreicher umzugehen. Dysfunktionale Schutzmechanismen können als solche erkannt und behoben werden, wodurch Kapazitäten frei werden, hilfreiche Verhaltens- und Glaubensmuster zu entwickeln, die jetzt zu dir und deinem Leben passen, dich bereichern und dir Kraft und Lebensfreude spenden. Aktive Selbstliebe durch die Annäherung an das eigene Kind ist eines der Kernthemen bei der Arbeit mit diesem Konzept und sicherlich das, was mit am deutlichsten zu einer verbesserten Lebensqualität beitragen kann.

Bei der Arbeit mit dem Inneren Kind handelt es sich um ein imaginatives Verfahren, bei dem sich der Anwender des Konzepts die einzelnen Anteile in seinem Inneren vorstellt; eine tatsächliche Persönlichkeitsabspaltung soll selbstverständlich nicht erfolgen.

Vielmehr dient die Benennung der kindlichen Anteile, der Erfahrungen, Erinnerungen und Emotionen als Inneres Kind dazu, dass sich der Nutzer des Konzepts diese besser vorstellen kann und leichter Zugang zu diesen Anteilen findet.

Zudem fällt es vielen Menschen auch deutlich leichter, einem kleinen Kind zu helfen und ihm zuzugestehen, dass es nicht weiterweiß, Angst hat, sich nach Zuwendung sehnt oder Schutz in einer schwierigen Situation benötigt. Erwartet der Erwachsene vielleicht in einem stressigen Meeting, bei dem der Chef unfair agiert und ihn direkt angreift, von sich, dass er dies unbeeindruckt über sich ergehen lässt und adäquat handelt, so kann er es dem Inneren Kind möglicherweise viel eher nachsehen, wenn dieses sich erschreckt. Ist es erst mal wie vor den Kopf gestoßen, weil es sich an all die schlimmen Situationen erinnert fühlt, in denen es in der Schule hilflos einer Autoritätsperson ausgeliefert war und vor der ganzen Klasse vom Lehrer bloßgestellt wurde, reagiert es mitunter nicht so souverän und muss getröstet werden. Mit dem Konzept des Inneren Kindes kann der Erwachsener sich diesem verletzten Anteil zuwenden, dem Inneren Kind erklären, dass die Situation zwar unangenehm war, es aber in Sicherheit ist, und dass es keineswegs mehr hilflos einer höher gestellten Person ausgeliefert ist. Dadurch wird der kindliche verletzte Anteil gesehen und beruhigt, sodass der erwachsene Anteil nicht blockiert wird und angemessen und gelassen auf die Situation reagieren kann.

In manchen Ansätzen, wie etwa bei Stefanie Stahl in ihrem Buch „Das Kind in dir muss Heimat finden" oder bei Julia Tomuschat in ihrem Buch „Das Sonnenkind Prinzip" wird zwischen einem Schatten- und einem Sonnenkind unterschieden. Das Sonnenkind dient als Metapher für all die positiven Erfahrungen und Emotionen aus Kindheitstagen, wie beispielsweise selbstvergessenes Spielen, ungehemmte Lebensfreude, lautstarkes Lachen, neugieriges Entdecken der Umwelt oder das beruhigende Kuscheln mit der Mutter. Kreativität, Aufgeschlossenheit und Spontanität werden ebenfalls mit dem Sonnenkind assoziiert, genauso wie erfolgreich abgeschlossene Entwicklungskrisen und die Entwicklung von gesunden Denk- und Glaubensmustern, wie „Ich bin sicher und geborgen!", „Ich werde geliebt, egal, was passiert!", „Ich darf mich auf morgen freuen!", „Das Leben ist schön!", „Ich kann schon ganz schön viel alleine schaffen!", „Ich bin etwas wert!" oder „Die Welt meint es gut mit mir!".

Das Schattenkind steht als Metapher für all die negativen Erfahrungen und Emotionen, die du in deiner Kindheit erfahren musstest. Assoziiert werden mit dem Schattenkind Gefühle wie Hilflosigkeit, Verzweiflung, Angst, Scham, Schuld, Trauer oder Wut. Auch negative Glaubenssätze, wie „Ich bin es nicht wert, dass man nett zu mir ist!", „Ich muss mich schützen!", „Mir hilft nie jemand!", „Ich bin nirgendwo wirklich sicher!", „Die Welt ist ein gefährlicher, schlechter Ort!" werden mit dem Schattenkind in Verbindung gebracht.

Bei der Arbeit mit dem Inneren Kind wird davon ausgegangen, dass jeder Mensch sowohl Schattenkind-Anteile als auch Sonnenkind-Anteile in sich schlummern hat. Hat jemand allerdings eine belastende Kindheit hinter sich, überwiegen häufig die Schattenkind-Anteile, die der Gefühlswelt des Betroffenen mit negativen Glaubenssätzen, verletzenden Gedanken und daraus resultierenden Schutzstrategien gehörig zu schaffen machen können.

Die Schutzmechanismen des Inneren Kindes

Erlebt ein Kind in den ersten Jahren seines Lebens durch seine Bezugspersonen wenig oder keine Zuwendung, sowohl psychisch als auch physisch, sondern wird es eher mit Überforderung, Aggression, Trauer oder Verzweiflung der Eltern konfrontiert oder sogar vernachlässigt, kann es kein gesundes Selbstwertgefühl entwickeln. Es ist in dem Alter noch nicht in der Lage, das Erlebte abstrakt und mit Abstand zu überdenken und zu erkennen, dass Mama vielleicht nur so teilnahmslos ist, weil sie eine Depression hat oder Papa immer so herumschreit, weil er mit Stress nicht angemessen umgehen kann und mit der Elternrolle überfordert ist. Stattdessen fühlt das Kind den Schmerz, die Angst oder die Bedrohung ungefiltert durch eine rationale Betrachtung und entwickelt dadurch statt dem Urvertrauen ein Urmisstrauen.

Es lässt sich nachweisen, dass Erwachsene, die als Kind anhaltendem Stress ausgesetzt waren – etwa durch Vernachlässigung oder ein unausgeglichenes Umfeld – dauerhaft unter einer erhöhten Produktion von Stresshormonen leiden, die deutlich schneller in belastenden Situationen ausgeschüttet werden. Somit reagieren sie nicht nur schneller auf anstrengende oder fordernde Situationen, sondern auch deutlich intensiver. Die negativen Empfindungen des Kindes bezieht es unmittelbar auf sich: „Papa ist böse. Ich muss etwas falsch gemacht haben!"

oder „Mama nimmt mich nie in den Arm – ich bin wohl nicht liebenswert genug!" und überträgt die gemachten Erfahrungen auf alle weiteren Beziehungen, Erlebnisse und Situationen.

Um nicht dauerhaft die als unangenehm erlebten Empfindungen ertragen zu müssen und weiteren Schmerz, weitere Verletzungen und weitere Ablehnung zu vermeiden, entwickeln die Schattenkinder bestimmte Verhaltensmuster, die als Schutzmechanismen oder Schutzstrategien bekannt sind. Diese Schutzmechanismen erlernst du, weil du keine andere Chance hast, die Verhältnisse auszuhalten oder für dich in Einklang zu bringen. Kommst du als Erwachsener erneut in eine Situation, die der aus deiner Kindheit ähnelt, können diese Schutzmechanismen wieder anspringen.

Hast du erlebt, dass deine Eltern mit Liebesentzug reagiert haben, wenn du deinen Kopf durchsetzen wolltest, wirst du vielleicht als Erwachsener versuchen, es deinem Partner ständig recht zu machen und nachzugeben. Schließlich war er neulich so kühl, als du gesagt hast, du würdest lieber in den Actionfilm gehen, statt in diese Dokumentation, oder? Das darf nicht noch mal passieren! Reagiert dein Partner auf dein Nachgeben mit Zuwendung, weil er vielleicht gar nicht mitbekommt, dass du dich nur für ihn verstellst, scheint dein Konzept aufzugehen und du fühlst dich in deinem Verhalten bestätigt – schließlich gab es weder Streit noch Liebesentzug und die Beziehung scheint nach außen weiter stabil.

Bist du in einer sehr leistungsorientierten Familie aufgewachsen und versuchst bis heute, durch übermäßige Selbstoptimierung und Arbeitswut deine Vorgesetzten von deinen Fähigkeiten zu überzeugen, weil du denkst, nur so hättest du überhaupt Anrecht auf deine Position? Neulich, als du mal pünktlich Feierabend gemacht hast, hat dein Chef die Augenbraue hochgezogen und das spannende Projekt ist dann der Neuen übertragen worden. War ja klar, dass so ein nachlässiges Verhalten nicht belohnt wird. Auch als Leistungsbringer wirst du möglicherweise erleben, dass dein

Chef hocherfreut ist, einen so motivierten Mitarbeiter zu haben, was dich abermals in deinem Verhalten bestätigt und zu immer mehr Selbstaufopferung anstachelt. Dass deine Work-Life-Balance vollkommen ins Hintertreffen geraten ist oder du beim ersten Beispiel darunter leidest, keine eigene Meinung entwickeln zu können oder Dingen nachzugehen, die nur dir Spaß machen, nicht aber deinem Partner, ist dir vielleicht bis zu einem gewissen Grad klar. Aber dein erlerntes Arsenal an Schutzmechanismen ist so verinnerlicht, dass es sofort anspringt, wenn in dir bestimmte Emotionen auftauchen. Da auch deine Empfindungen aus dieser Zeit rasend schnell und fast unwillkürlich präsent sind, sind die Erlebnisse besonders eindrücklich und würden von Menschen, die aufgrund von anderen Erfahrungen ganz andere Deutungsmuster und Schutzmechanismen entwickelt haben, ganz anders wahrgenommen werden.

Die folgende Liste umfasst die gängigsten Schutzmethoden, zu denen das Innere Kind in fordernden Situationen greifen kann und die dir im Erwachsenenleben zum Hindernis werden können:

- Streben nach Kontrolle
- Regression
- Opferrolle einnehmen
- Vermeidungsverhalten und Verdrängung
- Aggression
- Suche nach Anerkennung
- Unsichere Bindungen
- Harmoniesucht

Viele der genannten Schutzmechanismen weisen Überschneidungen auf oder können ineinander übergehen. Nicht immer sind die Linien klar zu trennen und häufig bringt das Schattenkind nicht nur ein Schutzmuster aus der Vergangenheit mit, sondern eine Ansammlung. Meist lassen sich aber bestimmte Muster als dominant herauskristallisieren. Zum besseren Verständnis findest du die Mechanismen weiter unten näher erläutert. Unter der Erläuterung findest du ein paar Fragen, die dir dabei helfen können, herauszufinden, ob und welche Muster bei dir greifen und womit dich dein Inneres Kind vor Schaden schützen möchte.

Streben nach Kontrolle

Jeder Mensch möchte bis zu einem gewissen Grad die Kontrolle über sein Leben haben und zeigt dadurch, dass er Verantwortung übernehmen, im Voraus denken und planen und Risiken abschätzen kann. Kontrolle dient immer dem Streben nach Sicherheit – was wir nicht einschätzen und kontrollieren können, könnte potenziell gefährlich sein und ist damit für uns eine vage Bedrohung, die ausgeschlossen werden sollte. Das Kontrollbedürfnis soll Ruhe, Struktur und Sicherheit in eine chaotische Welt bringen und ihr somit etwas von dem Schrecken nehmen.

Dieser Schutzmechanismus zeigt sich häufig bei Erwachsenen, deren Kindheit von einem instabilen und überfordernden Umfeld geprägt wurde. Wenn dein Inneres Kind die Erfahrung gemacht hat, dass es auf niemanden vertrauen kann als auf sich selbst und niemand anderes die Verantwortung für sein Wohlergehen übernimmt, dann wirst du mitunter auch als Erwachsener von dem Glaubenssatz getrieben sein, dass du dich nur auf dich verlassen kannst. Du willst keinesfalls der Willkür anderer Leute ausgeliefert sein, erlaubst dir keine Fehltritte und kannst die Kontrolle auf ganz unterschiedliche Bereiche deines Lebens ausweiten: Vielleicht zeigst du dich in puncto Gesundheit, Ernährung und Fitness sehr diszipliniert und erhältst dafür sogar Lob von außen, was deinen Schutzmechanismus noch befeuert. Wenn der Drang nach Kontrolle aber dazu führt, dass du nicht auch einmal loslassen kannst, keine Erdbeere naschen kannst, ohne die Kalorien in einen Tracker einzugeben und du eine spontane Einladung deiner besten Freundin absagen musst, weil du noch nicht deine Sporteinheit absolviert hast, dann kontrolliert die Kontrolle dich und dein Leben. Statt weniger Stress und unangenehme Überraschungen erlebst du durch einen Kontrollzwang eine Begrenzung deiner Spontanität und persönlichen Freiheit.

Zudem ist eine permanente Selbstkontrolle extrem anstrengend – je nach Ausprägung sowohl körperlich als auch mental. Besonders belastend kann dies auch in Beziehungen mit anderen Menschen werden. Wenn kein Kollege es dir recht machen kann und du keine Aufgaben mehr delegierst oder anschließend deren korrekte Ausführung überprüfst – frei nach dem Credo „Vertrauen ist gut – Kontrolle ist besser" oder deinen Partner immerzu schulmeisterst und seine Aufgaben im Haushalt überprüfst – „Wenn du das machst, muss ich eh noch mal nachwischen!" – oder deine Kinder so sehr mit Vorschriften und Regeln begrenzt, dass sie das Gefühl haben, kaum noch Luft zu bekommen – dann leiden die Beziehungen unweigerlich und die Menschen beginnen, sich dir beziehungsweise deiner Kontrolle zu entziehen.

- Hast du das Gefühl, alles selber machen zu müssen?
- Fühlst du dich unwohl dabei, Aufgaben zu delegieren?
- Hast du Angst davor, loszulassen?
- Musst du auch bei den anderen immer nach dem Rechten sehen, damit es läuft?
- Hast du ein hohes Sicherheitsbedürfnis?

Regression

Regression – also der Rückfall in ein kindliches Verhalten – kann als Schutzmaßnahme dienen, wenn du dich von den Anforderungen der großen Welt überfordert fühlst. Wenn du einen Partner an deiner Seite hast, der sich gerne um dich kümmert, wird diese Maßnahme – zumindest am Anfang der Beziehung – sogar meist noch belohnt, findet der andere es doch süß oder niedlich und genießt es, dich zu umsorgen. Neigst du aber in schwierigen Situationen immer dazu, in eine kindliche Rolle zu fallen und die Kontrolle an andere abzugeben, hast du zum einen wenig Gestaltungsraum für die Entwicklung deines eigenen Lebens und kannst wertvolle Erfahrungen und Entwicklungsschritte nicht machen, zum anderen bringst du deinen Partner, deine Freunde oder deine Familie immer wieder in die undankbare Aufgabe, die anstrengenden Dinge des Alltags für dich zu erledigen und das am besten noch in deinem Sinne.

Menschen, die in ihrer Kindheit stark bemuttert und bevormundet wurden und kein Autonomiebestreben entwickelt haben, fühlen sich als Erwachsene oftmals den alltäglichen Anforderungen nicht gewachsen, denken, sie hätten nicht die Erfahrung oder das Wissen, um sich richtig zu entscheiden und möchten auch ungern die Verantwortung für Dinge übernehmen. Dies trifft auch auf Personen zu, die in der Jugend stark begrenzt wurden, mit einem strengen Regelwerk aufgewachsen sind und keine eigene Meinung entwickeln durften oder die nicht Stück für Stück an das Übernehmen von Verantwortung herangeführt wurden. Sie haben gelernt, dass ihre Meinung ohnehin nicht zählt, sie ja scheinbar zu klein, dumm oder unfähig sind, für sich selbst zu sorgen und sie gut daran tun, eine Person in ihrer Nähe zu haben, die sich um sie sorgt.

Durch ein kindliches Verhalten wird der Helferinstinkt beim Partner direkt angesprochen und nicht selten kommt es vor, dass Menschen mit solch einem Schutzmechanismus in ungesunden Beziehungen verharren, nur um eine Person an ihrer Seite zu haben. Sie können ihr durchaus bestehendes Potenzial nicht entdecken und entfalten und wollen immer Kind bleiben, nur um nicht mit der harten Welt da draußen konfrontiert zu werden. Dadurch entgeht ihnen allerdings auch all das Schöne dieser Welt, die einem mündigen Erwachsenen ganz anders offensteht als einem Kind.

- Überlässt du die Verantwortung gerne anderen?
- Drückst du dich vor unangenehmen Aufgaben?
- Traust du dir vieles nicht zu?
- Hast du Schwierigkeiten, dich zu entscheiden?

- Lässt du dich gerne rundum umsorgen?

Die Opferrolle einnehmen

Ähnlich wie bei der Regression ist auch das Einnehmen einer stetigen Opferrolle eine Methode, um keine Verantwortung übernehmen zu müssen. Dadurch, dass dein Inneres Kind dich in eine durchgehend passive Rolle bringt, dir quasi alles immer nur passiert, ohne eigenes Zutun, kannst du ja auch nichts dafür, wenn mal etwas schiefläuft. Schuld sind immer die Anderen an Fehlern und ohnehin passieren schlimme Sachen ja auch immer nur dir.

Menschen, deren Inneres Kind dazu neigt, die Opferrolle einzunehmen, haben in der Vergangenheit vielleicht die Erfahrung machen müssen, dass das Machen von Fehlern mit harten Sanktionen einherging. Wer in einer ungesunden Fehlerkultur aufgewachsen ist, tut sich mitunter damit schwer, dass diese jedem passieren und zu Lernprozessen ganz selbstverständlich dazu gehören. Wer sich aber aus Sicherheitsgründen keine Fehler erlauben darf, der muss deren Ursache woanders suchen als bei sich selbst und wird dadurch zum Opfer der anderen. Nicht selten führt das zu einer sehr wilden Ursachenzuschreibung, die die Betroffenen vor sich aber durchaus begründen können. „Es liegt nicht an mir, dass ich den Zahnarzttermin verschwitzt habe. Hätte die Nachbarin mich heute nicht so mies angemuffelt, wäre ich nicht so aus dem Konzept gekommen und hätte daran gedacht!" Die Überzeugung, immer das kurze Ende der Wurst zu bekommen, kann dir auch durch dein engeres Umfeld oder deine Lehrer vermittelt worden sein: War deine Mutter beispielsweise immer recht wehleidig und deutlich in ihren Äußerungen, dass ihr ja immerzu Unrecht widerfahre, aber so ginge es nun mal allen aus der Familie, kann sich dieser Gedanke ebenso festsetzen wie die Äußerung einer Nachbarin, dass „wir als kleine Leute sowieso immer die Angeschmierten sind, egal was wir machen!". Da es ja scheinbar keine Möglichkeit gibt, diesem Umstand zu entkommen, wird erst gar nicht versucht, bestehende Missstände zu ändern, wodurch scheinbar bestätigt wird, dass die Betroffenen nichts Gutes vom Leben zu erwarten haben.

- Hast du das Gefühl, immer benachteiligt zu werden?
- Passieren dir immer die schlimmsten Dinge?
- Sind immer die Anderen schuld?
- Versuchst du, Krisen auszusitzen?
- Fällt es dir schwer, dich zu entschuldigen, wenn du etwas falsch gemacht hast?

Vermeidungsverhalten und Verdrängung

Verdrängung und Vermeidungsverhalten gehen häufig Hand in Hand. Wenn du als Kind unschöne Situationen erleben musstest, besteht die Chance, dass du diese als Kind nahezu erfolgreich verdrängt hast. Du weißt, dass da was war, aber du vermeidest sowohl, dich damit zu beschäftigen, als auch dich in Situationen zu begeben, in denen die Erinnerung an das Verdrängte wieder an die Oberfläche gelangen könnte. Sicher würdest du gerne zum Klassentreffen gehen und alle wiedersehen, aber leider kannst du nicht. Das hat aber vielleicht gar nichts mit deinem Terminkalender zu tun, sondern mit dem Umstand, dass dich damals ein paar aus deiner Stufe wegen deiner Sommersprossen gepiesackt haben und selbst wenn du diese mittlerweile richtig hübsch an dir findest, willst du um keinen Preis der Welt daran erinnert werden und dich wieder so klein und ausgeliefert fühlen wie damals.

Dein Inneres Kind versucht dich durch das Vermeidungsverhalten vor ähnlichen Gefahren zu beschützen und übersieht dabei vollkommen, dass du mittlerweile groß und eigenständig bist und dich heute sicher ganz anders wehren kannst als früher. Auch das Verdrängen soll dich vor unangenehmen Empfindungen schützen. Allerdings wird so auch eine konstruktive Auseinandersetzung mit dem Thema verhindert, sodass du mit dem Problem nicht abschließen kannst und es wie eine unsichtbare Last immer weiter mit dir herumträgst.

Vielleicht neigst du heute, als Erwachsener, auch zum direkten Rückzug, wagst dich gar nicht erst an herausfordernde Projekte oder kniffelige Situationen heran und sitzt Situationen lieber aus, statt die Konfrontation zu suchen. „Das ist doch alles nicht so schlimm. Das macht mir gar nichts aus! Ich fand das gar nicht weiter wild und ich wollte den Posten ohnehin nicht!" sind typische Sätze, die im Nachhinein rechtfertigen sollen, warum du dir selbst Sachen nicht zutraust oder Missstände nicht angehst und änderst. Dein scheinbarer Selbstschutz sorgt allerdings dafür, dass du dich immer mehr zurückziehst, dir Sachen immer schwerer erscheinen und du eine konstruktive Auseinandersetzung mit schwierigen Situationen gar nicht mehr gewohnt bist und dir daraufhin immer weniger zutraust und dich immer mehr begrenzt.

- Gehst du unangenehmen Situationen aus dem Weg?
- Lässt du Sachen bleiben, auch wenn du eigentlich Lust auf sie hast und weißt gar nicht, warum?
- Erinnerst du dich häufig nicht an unangenehme Dinge?
- Versuchst du, Streitigkeiten beiseite zu schieben?
- Behauptest du oft, ein dickes Fell zu haben und dass dir nichts nahe geht?

Aggression

Wer seine Umwelt als feindlich betrachtet und immer davon ausgehen muss, einen Seitenhieb einstecken zu müssen oder direkt angegriffen zu werden, der hat die Wahl zwischen Flucht und Angriff. Menschen, die in ihrer Kindheit oft erleben mussten, dass vermeintlich oder wirklich Schwächere schlecht behandelt wurden, die selbst oft angeschrien oder geärgert wurden oder aus anderen Gründen kein Urvertrauen entwickeln konnten, sondern ein Urmisstrauen ausgebildet haben, neigen im Erwachsenenalter oft dazu, hinter jeder kleinsten Kritik einen massiven Angriff auf ihre Person zu wittern. Sie reagieren schnell über, kontern berechtigte Kritik unverhältnismäßig scharf und sind ständig im Kampfmodus, um sich vor vermeintlichen oder tatsächlichen Angriffen schützen zu können.

Waren sie als Kind vielleicht dem Tun ihres Umfeldes hilflos ausgeliefert, versuchen sie jetzt mit größtmöglicher Anstrengung das Zurückfallen in die Opferrolle zu verhindern und schießen mit ihren Attacken und Aggressionen weit über das Ziel hinaus. Nicht selten ist den Betroffenen durchaus bewusst, dass sie überreagiert haben und doch scheinen sie nicht aus ihrer Haut zu können und reagieren wie automatisch mit starkem Gegenwind. Dies kann dazu führen, dass Arbeitskollegen nicht mehr mit ihnen in einem Team arbeiten wollen oder Freunde sich zurückziehen, weil sie sich vor der ungerechtfertigten Aggression schützen möchten. Dabei möchten die Betroffenen ihr Umfeld gar nicht so scharf angehen, aber das Innere Kind hat so viel Angst vor einer erneuten Kränkung, dass nurmehr mit aggressiver Abwehr reagiert wird. Das Selbstbild des starken Kämpfers, der Amazone, ist wichtig für das Ertragen der gemachten Erfahrungen und soll dafür sorgen, dass es keinen Rückfall in diese Rolle geben wird.

Mitunter kann dieses Verhalten auch die unbewusste Übernahme von Verhaltensweisen der Eltern sein. Wurde dir vorgelebt, dass du nur mit deinen Ellenbogen durchs Leben kommst und man laut werden muss, um sich durchzusetzen, frei nach dem Motto „Der Stärkere gewinnt!", dann wirst du dich möglicherweise damit schwertun, andere Kommunikationsstrategien zu akzeptieren oder zu übernehmen.

- Fühlst du dich schnell angegriffen?
- Gibt es immer wieder Situationen, in denen du aus der Haut fährst, obwohl du sie eigentlich gar nicht so schlimm findest?

- Hat dir jemand gesagt, dass man mit dir nicht diskutieren kann?
- Haben deine Kinder Angst vor dir?
- Denkst du, wer nicht kämpft, verliert automatisch?

Suche und Sucht nach Anerkennung

Als Kind bist du darauf angewiesen, dass deine Bezugsperson sich gerne und viel mit dir beschäftigt und dir rückmeldet, dass du liebenswert bist. Bedingungslose Liebe hilft dabei, einen Selbstwert zu entwickeln und ein gutes Vertrauen in sich selbst und die eigenen Stärken zu bilden. War ein Elternteil oder sogar beide aber immer abwesend – wahlweise räumlich oder auch nur mental – dann hast du keine Möglichkeit bekommen, dich in dem anderen zu spiegeln, dich gesehen zu fühlen und zu lernen, dass da jemand ist, der sich gerne Zeit für dich und deine Bedürfnisse nimmt

Nicht selten reagiert das Innere Kind dann mit verschiedensten Strategien zur Erweckung von Anerkennung darauf: Es probiert ein besonders pflegeleichtes, unkompliziertes Kind zu sein, das genau den Wünschen der Eltern entspricht. Oder es versucht mit besonderen Leistungen aufzufallen und in die Welt der Eltern vorzudringen. Bist du mit einem Geschwisterkind aufgewachsen, dass auf einem Gebiet besonders erfolgreich war, beispielsweise eine ausgezeichnete Schwimmerin oder ein hervorragender Sänger, kann das dazu geführt haben, dass du dich zurückgesetzt gefühlt hast und dich auch durch etwas hervortun wolltest. Auch bei Kindern, deren Geschwisterkinder längere Zeit erkrankt sind, stellt sich oftmals das Gefühl ein, nicht genug Beachtung zu bekommen und ins Hintertreffen zu geraten. Mitunter kann die Reaktion darauf auch weniger angenehm für die Eltern ausfallen, indem die Kinder nicht mit Leistung oder besonders angenehmen Verhalten, sondern durch Unarten und flegelhafte Verhaltensweisen auf sich aufmerksam zu machen versuchen. Vielleicht haben deine Eltern dies sogar erkannt und deine Bemühungen mit einem „Die will sich doch nur aufspielen. Lass sie einfach in Ruhe, die regt sich schon wieder ab!" einfach abgewiegelt, statt zu sehen, wie verzweifelt du um Beachtung kämpfst.

Wenn dein Inneres Kind bis heute Angst darum hat, nicht gesehen zu werden, kann dies dazu führen, dass du auf verschiedenste Weisen versuchst, Anerkennung durch dein Umfeld zu bekommen – etwa durch eine hohe Arbeitsmoral und Workaholic-Tendenzen in deinem Job, durch die neueste Mode und einen perfekten Körper bei deinem Flirtpartner, sportliche Erfolge, einen beruflichen Aufstieg oder materielle Dinge. Forderst du die Aufmerksamkeit in deinem Umfeld immer wieder ein und fühlst dich ohne diese äußere Bestätigung nicht geliebt oder geachtet, kann dies aber zum einen dazu führen, dass es dein Umfeld erschöpft und dieses sich von dir abwendet, zum anderen schränkt es dein Leben stark ein, da du nie genug bekommen kannst und somit kaum andere Ziele verfolgen kannst.

- Gibst du dir viel Mühe mit deinem Aussehen, um positive Rückmeldungen zu bekommen?
- Hast du das Gefühl, dein Partner liebt dich nicht, wenn er einmal einen Tag mehr mit sich beschäftigt ist?
- Forderst du Bestätigung direkt von deinem Umfeld ein?
- Demonstrierst du deine Erfolge, um Aufmerksamkeit zu bekommen?
- Fällst du gerne auf?

Harmoniesucht

Harmoniesucht kann sich auf verschiedene Wege zeigen: Ähnlich wie bei der Vermeidung und Verdrängung schiebst du dir unangenehme Gespräche und Situationen einfach zur Seite, gehst darüber um des lieben Friedens willen hinweg, schluckst so manchen Frosch, um die Stimmung nicht zu vermiesen und stellst deine eigenen Ideen und Bedürfnisse nach hinten, damit deine Kommunikationspartner nicht verstimmt werden. Im Job lässt du das Lob an deinen Mitarbeiter gehen, obwohl die Hauptidee von dir war – schließlich willst du ja nicht als unkollegial gelten – und die bissigen Bemerkungen der Schwägerin quittierst du mit einem gequälten Lächeln, die gute Stimmung an der Festtafel soll ja nicht durch deine Befindlichkeiten ruiniert werden.

Dein Inneres Kind tut alles dafür, um sich bei den anderen sprichwörtlich lieb Kind zu machen. Du versuchst, Auseinandersetzungen zu vermeiden und hast Angst, dass ein Streit gleich einen Kontaktabbruch zur Folge hat. Vielleicht hast du als Kind die Erfahrung machen müssen, dass deine Eltern dir mit Liebesentzug begegnet sind, wenn du dich nicht ganz genau so verhalten hast, wie sie es von dir erwartet haben oder deine Mutter hat dir gepredigt, dass nur nette Mädchen geliebt werden und niemand eine zänkische, unleidliche Person als Ehefrau möchte. Möglicherweise hast du keine Chance gehabt, eine gesunde Streitkultur zu erlernen und kannst Missstimmung weder im beruflichen noch im privaten Umfeld ertragen.

Das Bedürfnis, sofort wieder für gute Stimmung zu sorgen, den anderen wieder zu versöhnen oder sich der Liebe zu versichern, kann so weit gehen, dass du immer wieder einsteckst und deinen Ärger oder deine Trauer hinunterschluckst. Vielleicht nimmst du diese Gefühle auch gar nicht mehr wahr oder bemerkst nur, dass du bedrückt bist, erlaubst dir aber ohnehin solch heftige Emotionen wie Wut gar nicht und denkst, für eine liebende Mutter oder Frau, einen liebenden Vater oder Mann schickt sich das nicht. Dadurch, dass du dich permanent überwachst und anpasst, deine Bedürfnisse hintenanstellst und das Wohlbefinden anderer höher bewertest als dein eigenes, kann es dir mitunter auch schwerfallen, konkret zu benennen, was du dir für dich wünschst und was dir guttun würde.

- Glaubst du, deine Meinung ist weniger wert als die der anderen?

- Willst du um keinen Preis als zänkischer Hausdrache dastehen?
- Verdienen nur angepasste Menschen Liebe?
- Kannst du schlechte Stimmung aushalten oder versuchst du gleich zu vermitteln?
- Kehrst du Konflikte unter den Teppich um des lieben Friedens willen?

Unsichere Bindungen

Unsichere Bindungen oder die ambivalente Einstellung gegenüber Nähe zeigen vor allem Menschen, deren Inneres Kind früh gelernt hat, dass es am besten gar nicht darauf hofft, dass ihm Liebe entgegengebracht wird, weil diese Hoffnung ohnehin enttäuscht wird. Um mit der Trauer und Wut über diesen Verlust fertig zu werden, kann die Einstellung, man hätte ohnehin kein Interesse an der engeren Beziehung zu anderen Menschen, zumindest scheinbar helfen. Allerdings haben nahezu alle Menschen ein angeborenes Bindungsbedürfnis und sehnen sich nach der Liebe und Anerkennung, dem Austausch und der körperlichen Verbindung mit anderen Menschen. Dadurch kann eine ambivalente Einstellung gegenüber Nähe zu Problemen im Umgang mit anderen werden: Zum einen sehnst du dich nach Nähe, Berührung und Freundschaft, zum anderen scheust du diese Nähe, weil sie auch die Gefahr birgt, dass sie dich verletzt. „Nur wer liebt, kann leiden!" oder „Wer keine Beziehung hat, hat auch keinen Liebeskummer!" sind vielleicht auch Glaubenssätze, die du von einem in der Liebe enttäuschten und verbitterten Elternteil übernommen hast.

Hören Kinder dann auch so Allgemeinsätze wie „Lass dich nie auf die Liebe ein – du wirst ohnehin nur enttäuscht! Alle Männer sind Schweine und lassen dich sowieso sitzen! Vergiss das mit den Frauen! Früher oder später sind die sowieso weg!", dann kann das dazu führen, dass sich die Äußerungen wie kleine Stacheldrahtzäune um das Herz legen. Vielleicht gehst du nur oberflächliche Kurzzeitbeziehungen ein oder du versuchst, deine Liebsten immer auf Abstand zu halten. Vielleicht trennst du dich auch, wenn du merkst, dass du doch mehr für die andere Person empfindest – nur zur Sicherheit, damit du nicht die Person bist, die verlassen wird. Oder du gibst deinem Bedürfnis nach Nähe gar nicht nach und ziehst dich von Menschen allgemein zurück und kämpfst mit Einsamkeit. Auch Fluchten in die Arbeit, den Sport oder ein Hobby können dazu genutzt werden, sich bloß nicht auf Menschen einlassen zu müssen und das Herz von dir und deinem Inneren Kind bestmöglich zu schützen.

- Glaubst du, du bist ohne Menschen besser dran?
- Denkst du, dich mag sowieso niemand?
- Glaubst du an die Liebe?
- Blockst du Annäherungsversuche ab oder bist du bereit, dich auf andere einzulassen?
- Konzentrierst du dich mehr auf Gegenstände, Hobbys oder deine Arbeit, statt auf zwischenmenschliche Beziehungen?

Diese Schutzmechanismen können sehr hartnäckig sein, wenn du versuchst, sie im Erwachsenenleben abzustreifen. Vielleicht ist dir vom Kopf her klar, dass du sie nicht mehr benötigst, denn jetzt bist du ja keineswegs mehr unmündig und von der Liebe und Zuwendung Erwachsener abhängig – doch deine Psyche weiß das nicht. Nur weil dir etwas vom Verstand her klar ist, bedeutet das nicht, dass du es auch so fühlen kannst. Darum ist manchmal für dein Verhalten auf den ersten Blick gar kein klares Motiv zu erkennen und du kannst dir selbst nicht erklären, warum du schon wieder stachelig auf Abstand gegangen bist, obwohl du dich nach einer Umarmung sehnst oder den ganzen Tag auf Achse bist und dich mit Arbeit zu überhäufen drohst, obwohl dir der Sinn eigentlich nach Familienalltag steht.

Überprüfst du das gezeigte Verhalten dann dahin, ob es sich um eines der oben aufgelisteten Schutzmuster handeln kann, wirst du meist recht schnell fündig. Möglicherweise erkennst du dann auch die Verbindung zu Erlebnissen aus deiner Kindheit, die dein Inneres Kind mit den ungewollten Mechanismen zu verhindern sucht. Vielleicht haben diese Schutzmechanismen dir als Kind in deiner schwierigen Situation, in der du der Willkür deiner Bezugspersonen ausgeliefert warst, wirklich gute Dienste geleistet und dafür gesorgt, dass du die Momente der Angst, Zurückweisung oder Trauer aushalten konntest. Heute aber stehen sie dir möglicherweise mehr im Weg als dass sie dir helfen, sodass es sich lohnt, sie auf ihre Wirksamkeit und Dringlichkeit für dein Leben als erwachsener Mensch zu überprüfen.

Die Arbeit mit dem Inneren Kind in der therapeutischen Praxis

In der therapeutischen Arbeit mit einer Fachkraft wird das Konzept des Inneren Kindes in zweierlei Richtungen genutzt: Zum einen können Patienten mit Hilfe ihres Inneren Kindes Stärken und gesunde Verhaltensweisen und Denkmuster aus ihrer Kindheit erkennen und dadurch eine Stärkung erfahren und lernen, diese Erinnerungen oder Emotionen als Depot oder Vorrat für ihr Leben im Hier und Jetzt anzulegen, auf das sie zurückgreifen können. Das Bewusstmachen von positiven Kindheitserlebnissen und Stärken kann dazu führen, dass die eigene Vergangenheit und Person weniger einseitig – meist negativ – betrachtet wird, sodass sich üblicherweise auch der Blick auf die Gegenwart und Zukunft ins Positive verschiebt. Zudem kann bei der gemeinsamen Rückschau auf die schönen Seiten der kindlichen Vergangenheit erkannt werden, welche guten Eigenschaften, Talente und Wünsche in dem Patienten schlummern und dieser kann verlorengeglaubte Schätze seiner Erinnerung wieder in sein Bewusstsein holen. Dadurch hat er die Chance, sich mehr auf die eigenen Stärken zu konzentrieren und kann auch sein Set an Skills erweitern, um Schwierigkeiten in seinem Leben besser und souveräner begegnen zu können.

Zum anderen beschäftigt sich die Arbeit mit dem Inneren Kind mit dem verletzten Inneren Kind, das in seiner Vergangenheit negative Erlebnisse machen musste, die es in nicht verarbeitete Trauer, Wut, Ohnmacht oder Angst gestürzt haben. Psychische Erkrankungen wie Depressionen, Angst- oder Panikstörungen sind meist multifaktoriell bedingt, aber oftmals zeigt sich eine deutliche Besserung der Symptomatik durch die Arbeit mit dem Inneren Kind. Viele Erwachsene versuchen, negative Erfahrungen und die damit verbundenen Gefühle aus dieser Zeit zu verdrängen und erleben es als Herausforderung, sich ihren frühen seelischen Verwundungen zu stellen. Mitunter haben sie keine rechte Erinnerung mehr daran, weil sie alles daran gesetzt haben, diesen Teil ihres Lebens zu vergessen. Dennoch wurden sie von diesen Erfahrungen geprägt und bei näherem Hinschauen und Besprechen der vorangegangenen Erlebnisse wird deutlich, dass bestimmte Verhaltensmuster und Denkweisen, die ihnen heute Probleme bereiten, damals entwickelt oder angelegt wurden. Somit wirken sich die Prägungen aus der Kindheit immer noch auf sie aus, auch wenn ihnen vielleicht nicht bewusst ist, dass ihr Verhalten mit diesen zusammenhängt.

In der therapeutischen Arbeit wird durch die Begegnung mit dem Inneren Kind versucht, verdrängte Erlebnisse ins Bewusstsein hervorzuholen, damit der Patient sich mit ihnen auseinandersetzen kann. Er kann seine frühkindlichen negativen Erfahrungen mit Hilfe therapeutischer Begleitung betrachten und erforschen, inwiefern diese Erlebnisse für ihn prägend waren und wo sich Verbindungen zu den heutigen Schwierigkeiten ziehen lassen. Das enttäuschte Grundbedürfnis des Inneren Kindes nach Liebe und Zuwendung kann dann nachträglich befriedigt werden, indem der erwachsene Patient eine fürsorgliche Elternrolle gegenüber seinen kindlichen Anteilen, seinem Inneren Kind, einnimmt und diesem damit die emotionale Aufmerksamkeit zukommen lässt, die es gebraucht hätte, um sich unbeschwert zu entwickeln.

Ziel dieses Konzepts ist zum einen, dass psychische Verletzungen aus dieser Zeit nicht mehr verdrängt, sondern aktiv bearbeitet und abgeschlossen werden können, zum anderen, dass der Erwachsene erkennt, dass er zwar nicht mehr das kleine, hilflose

Kind ist, das seinem Schicksal erbarmungslos ausgeliefert ist, er aber dennoch diese Erfahrungen machen musste und das diese ihn geprägt haben, sodass er auf bestimmte Erlebnisse möglicherweise abweichend von der Norm reagiert und lernen muss, für seinen kindlichen Anteil und für sich selbst als Gesamtperson gut und auf erwachsene Weise zu sorgen. Dadurch, dass der Erwachsene diese Handlungskompetenzen erlernt, kann er sich selbst besser beruhigen, erlebt sich als stabilere Persönlichkeit und sieht sich auch dazu in der Lage, mit fordernden Situationen umzugehen, die ihn an negative Erlebnisse aus seiner Kindheit erinnern. Indem er sich seines Inneren Kindes annimmt und bereit ist, die Schuld, Scham oder Einsamkeit der Vergangenheit zu fühlen, öffnet er sich auch wieder den positiven Gefühlen dieser Altersstufe und erlebt sich mitunter als lebendiger, offener und interessierter. Da er wieder Zugriff auf die negativen Emotionen dieser Zeitspanne hat, stehen ihm auch die positiven Gefühle offen und er kann sein Emotionsspektrum erweitern und seine Emotionsregulierung verbessern.

Durch die Arbeit mit dem Inneren Kind wird zwar zunächst eine bewusste Spaltung in Erwachsenen-Ich – je nach Konzept gibt es auch die Bezeichnungen Innerer Erwachsener oder Regisseur oder zusätzliche hilfreiche Wesen, die den erwachsenen und den kindlichen Anteil miteinander verbinden – und Inneres Kind vorgenommen, doch schlussendlich geht es darum, eine gesunde und liebevolle Bindung zwischen den verschiedenen Anteilen zu schaffen, um die eigene Persönlichkeit mit all ihren Facetten anzunehmen und ein ausgefülltes Leben in Balance führen zu können. Dadurch, dass die Verbindung bewusst zwischen Innerem Kind und Erwachsenem hergestellt wird, wird dem Patienten deutlich, dass er selbst in der Verantwortung für sein Wohlbefinden steht und er durchaus in der Lage ist, für sich und sein Inneres Kind zu sorgen. Dadurch kann er sich aus Abhängigkeiten lösen und ist freier in der Gestaltung von Beziehungen. Selbstbestimmt kann er das Zepter in die Hand nehmen und aktiv ein Leben aufbauen, dass seinen kindlichen und erwachsenen Bedürfnissen und Wünschen entspricht, statt darauf zu warten, dass andere Leute sich um ihn kümmern und für sein Lebensglück sorgen.

Diese Erkenntnis wirkt nicht nur unheimlich stärkend, sondern meist auch sehr motivierend und hilft dabei, diffuse Unzufriedenheiten hinter sich zu lassen. Dadurch, dass niemand anderes für dein Wohlergehen verantwortlich ist, lastet zwar alles auf deinen Schultern – du bist aber auch nicht angewiesen auf das Wohlwollen anderer und kannst dein Leben genau so gestalten, wie du es für richtig hältst. Stößt dies in deinem Umfeld auf Ablehnung, wird dich das möglicherweise immer noch verletzen, aber du kannst trotzdem unbeirrt deinen Weg gehen und deinen Lebenstraum verfolgen, weil du das nötige Selbstvertrauen entwickelt hast und dir und deinem Bauchgefühl Glauben schenken kannst.

Bekannte Ansätze, die im Rahmen von psychiatrischen oder psychotherapeutischen Behandlungen Anwendung finden, sind unter anderem

1. Die Schematherapie:

In der Schematherapie kann der Patient mittels Rollenspielen mit dem Inneren Kind interagieren und dabei je nach Problemstellung sowohl mit dem wütenden, dem ungezogenen, dem verletzten oder dem glücklichen Inneren Kind Kontakt aufnehmen. Der erwachsene Anteil fungiert als Elternteil beim sogenannten „Reparenting" und soll sich nun um das Innere Kind kümmern. Dysfunktionale Verhaltensweisen und Glaubensmuster, in der Schematherapie als maladaptive Schemata bezeichnet, werden bei diesen Begegnungen aufgedeckt, bearbeitet und korrigiert, sodass sich neue, funktionale Lebensmuster ausbilden können.

2. Die Transaktionsanalyse:

Die Transaktionsanalyse wurde von dem US-amerikanischen Psychiater Eric Berne Mitte des 20. Jahrhunderts entwickelt und sollte den Menschen ein psychologisches Modell an die Hand geben, mit dem sie ihre erlebte Wirklichkeit einordnen, analysieren und bei Bedarf auch verändern können. Dazu wurde unter anderem das Kind-Ich genutzt, das durch die Hilfe anderer innerer Anteile oder Instanzen wie dem Inneren Regisseur, dem Inneren Manager und dem Inneren Erwachsenen die nötige Balance finden soll. Berne geht von einem Eltern-Ich, einem Erwachsenen-Ich und einem Kind-Ich aus, deren Vorstellungen in Einklang gebracht werden können. Dadurch können alte, unbewusste Fühl- und Denkmuster geändert werden, sodass sich auch das Verhalten im Hier und Jetzt im Sinne des Patienten ändern lässt.

3. Die Psychodynamisch Imaginative Traumatherapie:

Die Psychodynamisch Imaginative Traumatherapie, auch unter der Kurzform PITT bekannt, wurde von Luise Reddemann als Verfahren für die tiefenpsychologisch-psychodynamische Kurzzeittherapie entwickelt. PITT findet vor allem in der stationären Behandlung von Trauma-Patienten Verwendung, wird aber auch in der ambulanten Therapie eingesetzt. Reddemann geht von einem Inneren Team aus, das neben dem Inneren Kind und dem Erwachsenen auch Helferwesen umfasst, die das Innere Kind beschützen und es vor ungewollten Erinnerungen beschützen. Im Bedarfsfall kann sich das Innere Kind an einen sicheren Ort zurückziehen und dort Schutz finden, wenn es sich bedrängt fühlt.

Die Arbeit gliedert sich in drei Stufen: Zunächst wird der Betroffene stabilisiert, um sich anschließend der Bearbeitung des Traumas zu stellen. Abschließend findet eine Integrations-Phase statt, in der das Innere Kind die Erlebnisse und damit einhergehenden Emotionen wie Scham, Verzweiflung oder Schuld loslassen kann.

4. Die Ego-State-Therapie:

Die Ego-State-Therapie wurde in den 1980ern von dem Psychologie-Professor John Watkins und der Psychologin Helen Watkins entwickelt. Dieser Ansatz geht davon aus, dass jeder Mensch verschiedene Persönlichkeitsanteile, die Ego-States, in sich trägt, die sich in gesunde und belastete Anteile unterscheiden lassen. Ein Großteil dieser Ego-States entsteht laut Watkins in der Kindheit. Machen Betroffene in dieser Zeit einschneidende Erfahrungen, können sich die Ego-States nicht in einem gesunden Maß entwickeln. Die belasteten Anteile lassen sich in integrierte, ungesunde Ego-States und abgespaltene Anteile aufteilen. Während sich die in die Persönlichkeit integrierten Ego-States bewusst machen lassen, sind die abgespaltenen Anteile aufgrund eines Traumas für den Betroffenen nicht zugänglich, der so vor unaushaltbaren Empfindungen geschützt werden soll.

Grenzen des Konzepts in der therapeutischen Arbeit

Wird das Konzept des Inneren Kindes in der therapeutischen Arbeit eingesetzt, muss die behandelnde Fachkraft mit dem Patienten abwägen, ob diese ausreichend stabil ist, insbesondere dann, wenn das Innere Kind nicht nur als Ressource für positive Denk- und Verhaltensmuster genutzt werden soll, sondern wenn die Auseinandersetzung mit belastenden oder gar traumatischen Kindheitserfahrungen geplant ist. Die Begleitung der ausgebildeten Psychotherapeuten muss ebenso gegeben sein wie der geschützte Raum, in dem der Patient sich auf die Arbeit einlassen kann und die nötige Stabilität im Alltag, damit der Patient die fordernde Arbeit aushält und trotzdem einem geregelten Alltag nachkommen kann. Ist dies noch nicht der Fall, wird der Fokus zunächst auf das Erlernen von Skills gelenkt, um die nötige Stabilität zu erzielen. Ist bekannt, dass der Betroffene zur Fragmentierung neigt, also zum Auseinanderfallen einzelner Persönlichkeitsanteile beziehungsweise zur Dissoziation, wird in der Regel von der Arbeit mit dem Inneren Kind abgesehen, da die Gefahr zu groß ist, dass eine Fragmentierung hervorgerufen oder verstärkt wird. Auch wenn ein Patient im Laufe der Arbeit mit dem Inneren Kind Anzeichen dieser Tendenz zeigt, wird üblicherweise das Vorgehen überdacht und gegebenenfalls zu anderen Ansätzen gegriffen.

Das Innere Kind als Modell außerhalb der therapeutischen Arbeit

Du kannst das Konzept des Inneren Kindes auch außerhalb einer therapeutisch begleiteten Begegnung für dich nutzen, um Frieden mit deiner Vergangenheit zu schließen, dich und deine Person mit all ihren Facetten anzunehmen, ungesunde Schutzmechanismen zu verstehen und in positive Verhaltensmuster zu ändern und insgesamt ein erfüllteres und buntes Leben zu führen. Dadurch, dass du als erwachsene Person die Dinge in die Hand nimmst und deinem Inneren Kind damit signalisierst, dass es sowohl geschützt ist als auch souverän geführt wird, sind viele Maßnahmen, die der Kontrolle oder Sicherheit dienen sollen, ohnehin auch nicht mehr notwendig.

Hast du ein Inneres Kind, das gerne einmal über die Stränge schlägt, etwa in puncto unmittelbarer Bedürfnisbefriedigung und du daher vielleicht ein Problem mit einem gemäßigten Ess- oder Trinkverhalten hast, zu viel feiern gehst oder gerne deine Zeit vertrödelst, kann dir die Struktur und das Vorausdenken deines Erwachsenen-Ichs den nötigen Halt geben, den du zum Entwickeln gesunder Routinen benötigst.

Der erste Schritt in Richtung Arbeit mit dem Inneren Kind ist ein Akzeptieren und ein Einladen dieses kindlichen Anteils. Natürlich handelt es sich bei dem Inneren Kind nicht um ein echtes Kind aus Fleisch und Blut, sondern nur um ein Bild, eine Metapher, die es dir leichter machen soll, diesen Teil in dir kennenzulernen und mit ihm in Kontakt zu treten und zu bleiben. Die Einladung zur vorsichtigen Begegnung und die Anerkennen der Existenz dieses Anteils können schon eine große Herausforderung sein, denn viele Menschen lassen ihre Kindheit – vor allem, wenn diese viele belastende Erinnerungen mit sich bringt – wie einen abgelegten Hut zurück und versuchen, nur noch nach vorne zu schauen. Um mit dir Frieden schließen zu können, ist es aber wichtig, dass du alle Anteile deiner Persönlichkeit in dein Leben integrierst und anerkennst, dass es ein Leben vor deiner Zeit als Erwachsener gab, die dich maßgeblich geprägt hat.

Soll ich etwa wieder zum Kind werden? - Die Arbeit mit dem Inneren Kind und Regression

Regression, also die Rückbildung zu einem früheren, triebgesteuerten oder kindlichen Zustand, ist keinesfalls gefordert, wenn du mit dem Inneren Kind arbeitest. Selbstverständlich ist eine gewisse Form der Regression durchaus gewollt, wenn du dich in die Position, die Gedankenwelt und die Wünsche deines Inneren Kindes hineinzudenken versuchst, aber eine vollständige Aufgabe deines erwachsenen Entwicklungsstandes ist damit nicht gemeint. Neben den kindlichen Anteilen in dir gibt es schließlich noch dein aktuelles Erwachsenen-Ich und vielleicht auch noch eine Eltern-Rolle oder Helferwesen, die mit Vernunft, Weitsicht und Lebenserfahrung dafür Sorge tragen, dass du dich nicht von infantilen Wünschen oder Emotionswelten vereinnahmen lässt.

Dennoch spricht nichts dagegen, den ernsten Erwachsenenalltag auch einmal beherzt für ein paar Stunden zur Seite zu schieben und das zu machen, wozu du und dein Inneres Kind Lust haben. Da du als erwachsene Person abschätzen kannst, welche Ausnahmen okay sind und dass es einen Unterschied macht, ob du einmal einen Tag frei nimmst, um die Sonne zu genießen oder jeden Tag blau machst und Gedanken an berufliche Verpflichtungen, Rechnungen und deinen Haushalt einfach zur Seite schiebst, brauchst du keine Sorge zu haben, dass du als Erwachsener nicht mehr ernst genommen wirst, wenn du mit deinem Inneren Kind in Kontakt trittst oder du die Kontrolle über dein Leben verlierst. Vielleicht kassierst du ein paar schräge Blicke, wenn du mit deinem Inneren Kind auf den Spielplatz gehst, mit ihm um die Wette hüpfst oder im Kino ganz laut loslachst – aber das ist ja nicht weiter schlimm, oder? Wenn dir das unangenehm ist, dann achte darauf, dass die Begegnungen mit deinem Inneren Kind nur im geschützten Rahmen stattfinden – etwa bei dir daheim in den eigenen vier Wänden, wenn niemand anderes zugegen ist, in deinem Auto, in der freien Natur oder bei deiner Therapeutin.

Einen Rückschritt in puncto deiner Entwicklung bedeutet die Arbeit mit dem Konzept Inneres Kind auf jeden Fall nicht! Vielmehr erweiterst du dadurch deine Handlungskompetenzen, kommst dir selbst näher und kannst für dich und andere besser sorgen. Du entwickelst dich also auf sehr angenehme Weise weiter und bringst deine verschiedenen Anteile in eine gesunde und vitale Balance!

Kontakt mit dem Inneren Kind für mich

„Ich kann freilich nicht sagen, ob es besser werden wird, wenn es anders wird; aber so viel kann ich sagen: es muss anders werden, wenn es gut werden soll." - Georg-Christoph Lichtenberg

Die Arbeit mit dem Inneren Kind ist wie alle Maßnahmen zur Weiterentwicklung kein Garant dafür, dass du alle Verletzungen der Vergangenheit heilen und ab sofort für immer auf rosa Wolken schweben und jede Situation spielend meistern kannst. Aber die Arbeit mit dem Inneren Kind kann dir neue Zugänge zu altbekannten Problemen und Themen aufzeigen, dir dabei helfen, dich und deine Gefühle, Gedanken und auch deine körperlichen

Reaktionen besser zu verstehen und dir mehr Sicherheit im Alltag geben.

Wenn du dich noch fragen solltest, wozu gerade du Kontakt mit dem Inneren Kind aufnehmen solltest und wem genau die Arbeit mit dem Inneren Kind helfen kann, dann frage dich, ob dir ein Zuwachs an Folgendem guttun würde.

- Selbstliebe
- Wertschätzung
- Ausgeglichenheit
- Spontanität
- Lebenslust
- Sanftheit
- Kreativität
- ungehemmter Freude

Kannst du dein Schattenkind auf eine liebevolle Weise annehmen und versorgen und dein Sonnenkind aktivieren, führt dies in der Regel auch zu einer Aktivierung deiner inneren Kraft. Wenn du dich traust, deine weiche, sanfte Seite anzunehmen, erweitert sich dein Spektrum an Emotionen um einen wichtigen Bestandteil und du wirst sowohl im Umgang mit dir selbst als auch mit anderen Menschen milder und liebevoller sein, was sich positiv auf die Beziehung zu dir selbst als auch zu anderen und somit auch maßgeblich auf deinen beruflichen und privaten Alltag auswirken wird.

Mein Inneres Kind – eine ganz besondere Begegnung

Die Arbeit mit dem Inneren Kind ist wie bereits erwähnt ein imaginatives Verfahren – du arbeitest also mit deiner Vorstellungskraft. Für viele Menschen erleichtert sich die Arbeit mit verschiedenen Anteilen in ihnen dadurch, dass sie mit dem Inneren Kind ein Bild vor Augen haben, dem sie bestimmte Erfahrungen oder Emotionen zuschreiben können. Dadurch, dass das Innere Kind verschiedene Rollen einnimmt, etwa als das zurückgewiesene Kind, das ängstliche Kind, das wütende Kind oder das eingeschüchterte Kind, kannst du als erwachsene Person die nötige Distanz zu Situationen und Gefühlslagen einnehmen und dank des Abstandes einen neuen Blickwinkel gewinnen. Statt dich von den Emotionen verschlingen zu lassen, bist du so zu einer Neubewertung in der Lage und kannst dich ganz neu positionieren.

Damit die Arbeit mit dem Bild des Inneren Kindes gelingt, hilft es vielen Leuten, sich das Innere Kind sehr genau vorzustellen und sich auszumalen, wie es aussieht. Du kannst dabei wahlweise auf reale Gegebenheiten zurückgreifen und dir etwa mit der Hilfe von Fotos oder Videoaufnahmen vor Augen führen, wie du in welchem Alter ausgesehen hast. Vielleicht erinnerst du dich auch noch daran, dass du an dem Tag, als dein Papa ausgezogen ist, den blauen Pulli und die Jeans mit dem Flicken in Sonnenform auf dem linken Knie anhattest und dass das breite Lachen der Sonne fast höhnisch erschien, als du dich mit deinem Teddybären im Wandschrank versteckt hast, weil du vor Schmerz nur noch verschwinden wolltest. Je genauer du dich an das Kind aus dieser Situation erinnern kannst, desto leichter lässt sich in die damalige Gefühlswelt eintauchen und die damals entstandenen Verletzungen und Kränkungen angehen.

Möchtest du mit den positiven Anteilen deines Inneren Kindes, mit dem Sonnenkind arbeiten, hilft es dir vielleicht, dich daran zu erinnern, wie du ausgesehen hast in einer Situation, in der du dich stark gefühlt hast und lebendig und rundherum glücklich? Vielleicht am Tag deiner Einschulung, mit dem frechen neu geschnittenen Kurzhaarschnitt und den tollen neuen knallroten Schuhen? Oder als deine Mannschaft die Schulmeisterschaften gewonnen hat und du ganz verschwitzt und glücklich von einem Ohr bis zum anderen strahlend und mit großer Zahnlücke im Sportdress für das Siegerfoto posiert hast? Schau dir ein paar Bilder an und suche dir die schönsten heraus, die du vielleicht in einen bunten Rahmen oder dein Tagebuch klebst, um dein Sonnenkind immer im Blick zu haben.

Hast du keine Bilder oder Videoaufnahmen aus der Zeit? Erinnerst du dich nicht mehr, was du gerne getragen hast und wie du aussehen wolltest? Du kannst dir natürlich auch ein Phantasiekind vorstellen und Alter, Stimmlage und Kleidung variieren. Ohnehin muss dein Inneres Kind kein statisches, in Stein gemeißeltes Bild sein! Je nachdem, ob du mit dem Schattenkind oder dem Sonnenkind, dem gekränkten Kind oder dem mutigen Kind zusammenarbeiten willst, können sich auch Alter und Verhalten des Inneren Kindes ändern. Wahrscheinlich hast du, wenn du ein konkretes Problem aus deiner Kindheit angehen möchtest, instinktiv ein Bild vor Augen und fühlst Alter, Benehmen und Verfassung des Kindes, ohne lange darüber nachdenken zu müssen. Wenn du magst, kannst du auch ein Bild von dir als erwachsenes Ich und deinem Inneren Kind malen und dir dadurch sprichwörtlich ein Bild von ihm machen und dich ihm nähern.

Fragen, die du dir stellen kannst, um dir die Arbeit mit dem Inneren Kind zu erleichtern:

- Ist mein Inneres Kind immer gleich alt?
- Wie sieht mein Inneres Kind aus? Wie groß ist es und wie ist seine Statur?
- Was hat es an? Trägt es bunte Kleidung oder ist es dunkel angezogen?
- Welche Frisur hat mein Inneres Kind?
- Hat es ein Lieblingsspielzeug?
- Ist es alleine oder hat es einen Begleiter, ein Kuscheltier oder eine Schmusedecke?
- Nascht es gern?
- Ist es offen oder pflegt es gerne seine Geheimnisse?
- Ist mein Inneres Kind laut oder leise?
- Ist es schüchtern? Ist es eher scheu oder an einem Austausch interessiert?
- Reagiert es heftig oder muss ich es quasi zu einer Reaktion verlocken?

Übrigens: Wenn dein Inneres Kind nicht haargenau so aussieht, wie du auf deinen Bildern und sich in deiner Vorstellung Realität und Fantasie vermischen, dann ist das gar nicht schlimm. Das Innere Kind ist ja nur ein Bild, das dir die Arbeit mit deinen kindlichen Anteilen erleichtern soll – und da gehören auch Wunschvorstellungen dazu. Wolltest du als Kind immer rote Haare wie deine Heldin Pippi Langstrumpf haben und dein Inneres Kind hat jetzt auch rote Haare, obwohl du als Kind weizenblond warst – kein Problem! Vielleicht hat dein Inneres Kind ja auch eine Prise von Pippis Mut bekommen und ihr könnt eure Vergangenheit jetzt voller Tatendrang gemeinsam bewältigen! Es gibt kein richtig oder falsch bei der Vorstellung deines Inneren Kindes und es kann durchaus sein, dass sich das Bild, das vor deinem Inneren Auge entsteht, auch im Laufe der Zeit verändert: Trug dein Inneres Kind zu Beginn deiner Arbeit häufig dunkle Kleidung, war sehr klein und zusammengekauert, verschreckt und mochte sein Gesicht gar nicht zeigen? Vielleicht ist es nach einiger Zeit viel offener, lustiger und fröhlicher, trägt bunte Sachen und eine Blumenkrone und traut sich sogar, herzlich zu lachen? Versuche, nicht zu bewerten, sondern nimm es einfach an, so wie es sich präsentiert.

Ganz besonders wichtig: Verbindest du mit deiner Kindheit ein unvorteilhaftes Äußeres, vielleicht weil du übergewichtig warst, deine Mutter dir immer selbst, aber wenig erfolgreich, die Haare geschnitten hat oder du deine Sommersprossen nicht mochtest, dann versuche, die Gedanken daran nicht übermächtig werden zu lassen. Es geht nicht darum, ob du dich als Kind optisch schön fandest, sondern dass du dir ein Bild erschaffen kannst, mit dem du zusammenarbeiten kannst. Vielleicht gelingt es dir jetzt aus der Sicht des Erwachsenen sogar, dich mit viel liebevolleren Augen zu betrachten und neben den vermeintlichen Makeln auch all das Gute und Schöne an dir zu sehen, was dich in dem jeweiligen Alter ausgemacht hat!

Gibt es einen Inneren Teenager?

Wie bereits erwähnt, ordnet der Psychoanalytiker Erik H. Erikson der Persönlichkeitsentwicklung acht Stufen zu, wobei er die fünfte Stufe, die Adoleszenz oder Jugend, als besonders entscheidend für die Entwicklung des Menschen bewertet. In dieser Phase findet maßgeblich eine Individualisierung statt. Der Jugendliche ist in der Lage, sich als eigenständige Person wahrzunehmen und sich nicht mehr über andere zu definieren, etwa als Tochter von Rektor Bergmann oder dem Sohn von Carina aus dem Block. Die Entwicklung einer eigenen Identität ist möglich, weil der Heranwachsende sich aus dem familiären Umfeld löst, Einflüsse von unterschiedlichsten Personen erhält und in der Lage ist, die von zu Hause aus erlernten Normen und Werte mit dem abzugleichen, was er außer Hause lernt und eine eigene Position zu entwickeln.

In diesem Alter ist er kognitiv in der Lage, Erwartungen an das Leben zu formulieren, längerfristig zu planen und sich mit den verschiedenen Rollen, die ihn im Leben als Erwachsener erwarten, auseinanderzusetzen, etwa als Berufstätiger, als Partner, als Mitglied der Gesellschaft und als Staatsbürger. Er macht erste Erfahrungen in der Liebe und geht verschiedene Beziehungen zu anderen Menschen ein. In der Psychologie und Soziologie spricht man von einem sogenannten Moratorium im Jugendalter, also einem Aufschub, den man von der Gesellschaft zugebilligt bekommt, um verschiedene Rollen auszuprobieren, in die neuen Verantwortungen, Rechte und Pflichten hineinzuwachsen und sich charakterlich und geistig sowie körperlich zu entwickeln, um als erwachsenes Mitglied Teil der Gemeinschaft werden zu können.

Hast du selbst einen Teenager zu Hause, hast du sicherlich schon Bekanntschaft mit der einen oder anderen Phase des Ausprobierens gemacht und vielleicht hast du auch selbst die Geduld deiner Eltern auf die Probe gestellt, weil du nahtlos vom Rave-Mädchen zum Gothic-Girl übergegangen bist. Meist blicken wir mit einer Mischung aus peinlicher Berührtheit und Belustigung auf diese extremen Phasen zurück, die uns damals so wichtig erschienen - aber sie waren nötig, damit wir zu dem werden konnten, was wir heute sind.

Als Jugendlicher bekommt man immer mehr Entscheidungsfreiheit und da heute die Lebensläufe nicht mehr so strikt vorgezeichnet sind wie noch vor einem Jahrhundert, gibt es eine Menge, worüber du dir in dem Alter Gedanken gemacht haben wirst: bspw. die richtige Berufswahl, den Wohnort, den Partner und deinen politischen Standpunkt. Wichtig ist dafür allerdings wie bereits erwähnt der sichere Erprobungsraum, damit die Jugendlichen lernen, mit dem Mehr an Verantwortung und Freiheit gut umgehen zu können. Wird ihnen dieser Erprobungsraum verwehrt, etwa weil die Eltern ohnehin fordern, dass der Sohn den heimischen Hof übernimmt und somit keine Ausbildung seiner Wahl antreten darf, ein Jugendlicher keine Erfahrungen mit dem für ihn interessanten Geschlecht machen darf oder jedes Anzeichen von einer Aneignung familienferner Werte und Normen sofort Sanktionen mit sich zieht, kann die Identität nicht ungestört ausgebildet werden. Auch Jugendliche, die zwar nicht aus einem strengen Elternhaus mit zu engen Regeln stammen, aber denen alles abgenommen wird, die in Watte gepackt und rundherum verwöhnt werden, erleiden nach dem Eintritt ins Erwachsenenleben mit eigener Partnerschaft und Berufsleben nicht selten einen kleinen Kulturschock. Die Erprobungsphase ist schließlich vorbei und die Außenwelt erwartet, dass sich das junge Mitglied der Gesellschaft wie ein Erwachsener benimmt und nicht wie ein unerfahrenes, verwöhntes Kind.

Kennst du diese eine, die von ihren Eltern so kurz angebunden wurde, dass sie an ihrem 18. Geburtstag direkt ins Tattoostudio ging, ein halbes Jahr jedes Wochenende feierte und statt die Schule abzuschließen eine Tauchschule auf Bali öffnen wollte, dann aber nur mit Schulden heimkam? Oder den, der in seiner WG erkennen musste, dass er weder wusste, wie man eine Waschmaschine bedient, noch dass man einkaufen muss, wenn man etwas zu essen im Hause haben will?

Hast du negative Erfahrungen in deiner Jugendzeit gemacht, die besonders prägend für deine Entwicklung waren, kann es auch sein, dass dir statt einem Inneren Kind ein Innerer Teenager begegnet. Vielleicht einer, der keinen Bock auf alles hat und sich jeder Form von Leistung und Struktur verweigert, weil er früher permanent und überall der erste sein musste, wenn es keinen Stress zu Hause geben sollte. Oder die schüchterne 14-Jährige, die nie auch nur eine Party besuchen durfte, weil ihre Mutter Angst hatte, dass ihr was passiert und die heute dafür sorgt, dass du dich von allem und jedem fernhältst, damit die Befürchtungen deiner Mama nicht doch noch wahr werden?

Auch deine Einstellung gegenüber Beziehungen wird in dieser Lebensphase neu strukturiert und du passt kindliche Vorstellungen vom Märchenprinzen an das an, was du während deiner ersten Beziehung erlebst. Beziehungsmodelle um dich herum nimmst du dabei ebenso unbewusst zum Vorbild, ganz gleich ob negativ oder positiv. Erlebst du, dass Beziehungen ohnehin keinen Bestand haben und geprägt von Streit und Verachtung sind, wird dein Glaubensmuster dementsprechend beeinflusst sein. Selbst wenn du dir denkst, dass du alles besser machen wirst als deine Eltern, kann es sein, dass nach dem Scheitern deiner ersten Jugendliebe die fiesen Glaubensmuster in dir hochkriechen: „Wieso hast du geglaubt, bei dir wäre alles anders? Beziehungen sind halt nicht schön. Den Traumprinzen gibt es eben nur im Märchen." Du siehst dein Glaubensmuster bestätigt, was zu einer Intensivierung führen kann.

Darfst du keine Erfahrungen in deinem Tempo machen und wirst von deinen Eltern entweder in die eine - „Warum hast du denn noch keinen Freund? Deine Schwester Christine ist so glücklich mit dem Thorsten! Müssen wir uns Sorgen machen? Naja, du warst ja schon immer ein Spätzünder!" – oder in die andere Richtung – „Dass du mir ja nichts mit Jungs anfängst! In deinem Alter ist das noch gar kein Thema! Liebe, als ob du in deinem Alter wüsstest, was Liebe ist! Mach erst mal deine Ausbildung fertig, dann sehen wir weiter!" – gedrängt, dann kann es sein, dass du gar keine eigene Einstellung zu Beziehungen entwickeln kannst und auf die Äußerungen und Beschreibungen deiner Freunde oder Eltern zurückgreifen musst oder dir aber die Romane oder Filme und Serien zum Vorbild nimmst, mit denen du dich in deiner Freizeit beschäftigst. Dein innerer Teenager ist vielleicht von diesem ganzen Konzept vollkommen überfordert, schämt sich für seine Wünsche oder dafür, dass er nicht so gut Bescheid weiß wie die anderen und traut sich deswegen wahlweise gar nicht an Romanzen oder Liebesbeziehungen heran, blockt Nähe ab oder führt ein so ausschweifendes Leben, dass er damit selbst nicht mehr zurecht kommt. Die Zuwendung zum Inneren Teenager sollte ebenfalls vorsichtig und mit Bedacht erfolgen, vor allem dann, wenn diesem keine eigene Meinung oder keine eigenen Gefühle zugestanden wurden. Schau dir genau an, wie er gesehen werden will und was ihm fehlt, um ihm die Möglichkeit zu geben, seine Entwicklung abzuschließen.

Methoden, um mit dem Inneren Kind in Kontakt zu treten

Um deinen Themen auf den Grund gehen zu können, gibt es ganz unterschiedliche Herangehensweisen. Der erste Schritt nach dem Akzeptieren und Anerkennen eines Inneren Kindes, kindlicher Anteile – oder auch eines Inneren Teenagers – ist die Kontaktaufnahme mit dem Inneren Kind. Möchtest du ein konkretes Problem lösen oder herausfinden, wie deine Kindheitserfahrungen mit heutigen, dich belastenden Verhaltensweisen oder Blockaden in Verbindung stehen, kannst du verschiedene Techniken nutzen, nachdem du dich mit deinem Inneren Kind vertraut und bekannt gemacht hast.

Im Folgenden findest du verschiedene Anregungen, die du dazu nutzen kannst, die Begegnung mit deinem Inneren Kind zu gestalten. Bedenke dabei, dass nicht jede Anregung für dich auf deiner aktuellen Reise zum Inneren Kind geeignet sein muss und sich manche Vorschläge auch nicht für alle bestehenden Blockaden nutzen lassen. Wäge daher immer individuell ab, was sich für dich und dein Vorhaben gut anfühlt und zwinge dein Inneres Kind nicht zu irgendwelchen Sachen, sondern formuliere deine Vorschläge immer als Einladung oder Versuch, sich gemeinsam auf die Reise zu machen, um Ursachen zu finden und das aktuelle Leben im Hier und Jetzt als Erwachsener angenehmer, bunter und ganzheitlicher zu gestalten.

Interview mit dem Inneren Kind

Du kannst das Innere Kind zu einem Interview einladen. Vielleicht stellst du ihm zunächst mal ein paar allgemeine Fragen: Wie alt es ist? Was es gerne hat? Wo es am liebsten spielt? Wo es sich wohlfühlt? Dann kannst du das Gespräch in eine bestimmte Richtung lenken und das Kind zu einem Ereignis befragen, was deiner Meinung nach mit für die Belastungen in deinem heutigen Leben verantwortlich sein könnte. Lass das Kind frei reden und verwickele es nicht in eine Diskussion oder bringe es dazu, sich zu rechtfertigen. Versuche lieber, alles ungefiltert und unkontrolliert auszusprechen, was dem Inneren Kind in den Sinn kommt – es hören ja ohnehin nur du und das Kind. Sollte dir ein lautes Selbstgespräch schwerfallen, kannst du dieses natürlich auch gedanklich durchführen. Aber unterschätze nicht die Kraft des gesprochenen Wortes! Manchmal fällt es einem wie Schuppen von den Augen, wenn man etwas laut ausspricht und es sich das erste Mal selbst laut sagen hört.

Tagebuchschreiben mit dem Inneren Kind

Fühlst du dich bei dem Gedanken des Selbstgespräches trotzdem nicht so recht wohl, kann das Tagebuchschreiben mit dem Inneren Kind eine gute Alternativtechnik sein: Du schreibst als Erwachsenes Ich eine Frage und dein Inneres Kind antwortet darauf. Vielleicht mit einem eigenen Stift in einer bunten Farbe, schnörkeliger Schrift und nicht sauber ausformulierten Sätzen. Schreibe einfach wieder alles nieder, was sich dir als Gedankenstrom präsentiert, ohne zu werten oder zu glätten, was da an die Oberfläche tritt. Mitunter kann es ganz schön spannend und überraschend sein, was das Unterbewusstsein so an Erinnerungen oder Empfindungen bereithält.

Der Gesprächsinhalt muss keineswegs ein zu bearbeitendes Thema sein: Vielleicht lädst du das Innere Kind auch einfach zu einem Austausch ein, fragst es, wie es ihm gerade geht, was es sich von dir wünscht und wie ihr einander guttun könnt. Wenn du ohnehin regelmäßig Tagebuch schreibst, kannst du deinem Inneren

Kind auch eine kleine Ecke pro Seite einräumen, in der es sich austoben oder einen kleinen Gruß hinterlassen kann. Wenn du wenig Zeit hast, funktioniert auch ein 5-Minuten-Tagebuch, in dem du das Innere Kind in wenigen Sätzen zu Wort kommen lässt.

Zusammen träumen

Nicht immer muss das Zusammensein mit deinem Inneren Kind von Action geprägt sein. Gerade wenn dein kindlicher Anteil eher schüchtern oder still ist oder du ein sehr sensibles Kind warst, lohnt es sich, eine Begegnung in einem ruhigen Ambiente zu kreieren. Bau dir eine Höhle aus Decken und Kissen, hänge eine Lichterkette auf und verkrieche dich mit einer Taschenlampe und einem heißen Kakao und deinem Inneren Kind an deinem Rückzugsort. Vor allem, wenn du früher schnell von Reizen überfordert warst und dich das Alltagsleben schnell erschöpft, weil du zu den hochsensiblen Menschen gehörst, kann eine solche Auszeit unheimlich guttun und dir dabei helfen, dich auf den Austausch mit deinen Inneren Anteilen einzulassen. Mach ein wenig schöne Musik an, hänge deinen Gedanken nach oder gerate ins Träumen.

Gemeinsam in der Natur sein und aufatmen

Ein Ort, an dem Kinder wunderbar zur Ruhe kommen können, ist die freie Natur. Natürlich lädt sie auch zum Spielen und Austoben ein, aber die vielen kleinen und großen Attraktionen und Überraschungen verlocken auch zum Innehalten und Staunen. Wird dir in der Stadt alles viel zu viel, nimm die nächste S-Bahn oder schnappe dir dein Fahrrad und düse hinaus an den See oder in den Wald. Beobachte das wuselige Treiben auf einer Ameisenstraße, entdecke in den vorbeiziehenden Wolken Schäfchen, Seesterne und Riesenkraken und fühle das samtig weiche Moos unter deiner Handfläche. Fülle deine Lungen mit würzigem Kieferduft, streiche über die glatte Oberfläche einer Kastanie oder plansche mit den Füßen ein wenig im Wasser. Eine Haltung, die dich schnell in deine Kindheit zurückversetzen kann: Irgendwo rumlümmeln und mit den Beinen baumeln. Herrlich, um gemeinsam mit deinem Inneren Kind abzuschalten und Kraft zu tanken für neue Abenteuer oder die gemeinsame Problembewältigung.

Geführte Meditationen

Fällt es dir schwer, einen Kontakt zu deinem Inneren Kind aufzubauen, kannst du zuerst versuchen, dein Sonnenkind hervorzulocken, etwa mit den Spielideen aus einem späteren Kapitel in diesem Buch oder aber du greifst auf geführte Meditationen zurück, die das Innere Kind in dir gezielt ansprechen. Passende Aufnahmen findest du sowohl im Medienhandel als auch im Internet. Achte darauf, dass du eine Aufnahme findest, die dir in puncto Thema der Meditation, Hintergrundmusik und Sprechweise des Sprechers auch zusagt, damit du dich beim Hören nicht unwohl fühlst. Vielleicht bist du ein wenig aufgeregt und das ist vollkommen okay. Darum ist es so wichtig, dass du eine Meditation nutzt, die voll und ganz deinen Bedürfnissen entspricht. Achte auch darauf, ob du dich bei dem Thema mit einem männlichen oder weiblichen Sprecher wohler fühlst.

Eintauchen in die Bilderwelt deiner Kindheit

Gab es ein Lieblingsbuch, ein Lieblingsmärchen oder einen absoluten Favoriten unter den Kinderfilmen in deiner Kindheit? Eine Geschichte, die du jeden Abend vor dem Einschlafen vorgelesen bekommen wolltest? Ein Bilderbuch, dessen Illustrationen du so schön und verzaubernd fandest, dass du sie dir ein ums andere Mal angeschaut hast? Oder einen Film, den du schon komplett mitsprechen konntest und dessen Charaktere dir wie lieb gewonnene Freunde ans Herz gewachsen waren? Ganz gleich, ob du Pippi Langstrumpf bei ihren Abenteuern begleitest, mit der Kleinen Hexe um die Wette geflogen oder mit den Glücksbärchis das Wünschen geübt hast – fast jeder von uns hat einen Liebling aus der Kindheit, der bis heute einen besonderen Platz im Herzen hat. Besorge dir das Buch oder den Film und zelebriere das Anschauen nach allen Regeln der Kunst. Ja, vielleicht kommt dir die Storyline aus heutiger Sicht etwas einfach vor oder die Geschichte ist unlogisch – aber darum geht es ja gar nicht! Es geht um die Empfindungen, die diese Bilderwelt einst in dir ausgelöst hat und darum, in diese wieder einzutauchen und einfach mal alles um sich herum zu vergessen.

Zu Tisch mit dem Inneren Kind

Jeder von uns verbindet bestimmte Lebensmittel oder Gerichte mit seiner Kindheit. Gab es bei dir, wenn du krank warst, Zwieback und Fencheltee oder Salzstangen und Cola? Hast du bei jedem Besuch deiner Oma kalten Mais aus der Dose gegessen und zum Besuch der Tante auf dem Land im Sommer gehörten frische Erdbeeren und knallsaurer Rhabarber, den du in Zucker eingetippt hast? Durftest du dir zum Geburtstag dein Lieblingsessen wünschen? War es Pizza? Oder Spaghetti? Oder etwas ganz Ausgefallenes? Hast du Lebensmittel gerne kombiniert, und zwar auf die Weise, dass deine Mutter die Hände über dem Kopf zusammengeschlagen hat? Nussnougatcreme mit Käse auf Brot, Ketchup zum Spinat oder Nudeln mit Rübenmus? Lade dein Inneres Kind zu einem Festschmaus ein, bei dem du sein Lieblingsmahl aus Kindertagen auftischst. Zum Nachtisch gibt es dein damaliges Lieblingsdessert – ganz gleich, wie ungesund es ist. Hast du ein niedliches Kindergeschirr oder vielleicht noch dein Taufbesteck, iss damit und wenn du Lust darauf verspürst, lasse das Besteck ganz weg und schnabuliere dein Essen einfach mit den Händen. Spielerisch und lustvoll wird eure gemeinsame Dinnerparty bestimmt ein verbindendes Erlebnis!

Die Sprache der Kindheit

Bist du mehrsprachig aufgewachsen? Dann teste doch einmal aus, in welcher Sprache du leichter Kontakt zu deinem Inneren Kind aufnehmen kannst? Ist es in der Sprache, in der deine Mutter mit dir gesprochen hat oder die, die in deinem Kindergarten gesprochen wurde? Hast du Lieblingswörter aus deiner

Kindheit, die du dir früher wie Zauberwörter vorgesagt hast? In welcher Sprache hast du gesungen oder gereimt? Meist finden wir leichter Zugang zu unserem Inneren Kind, wenn wir die Sprache wählen, die in dem betreffenden Alter eine größere Bedeutung für uns hatte oder die von unserer jeweiligen Bezugsperson bevorzugt wurde. Vielleicht gibt es ja sogar irgendwo eine Ton- oder Videoaufnahme von dir, auf der du dich selbst singen oder sprechen hören kannst. Lausche gemeinsam mit deinem Inneren Kind dieser Aufnahme und achte darauf, ob du damals lebendiger oder freudiger gesprochen hast als jetzt. Vielleicht magst du ja auch einmal wieder so richtig übersprudeln beim Erzählen?

Reise in die Vergangenheit

Unternimm eine Reise in die Vergangenheit und besuche mit deinem Inneren Kind Plätze deiner Kindheit. Schlendere an deinem alten Kindergarten vorbei oder besuche deine Tagesmutter, falls du die Möglichkeit dazu hast. Wenn du schon mal da bist, geh auch gleich zu dem Schwimmbad, in dem du dein Seepferdchen gemacht hast und zu der Eisdiele, in der du mit Opa jeden Sonntag ein Spaghetti-Eis geteilt hast. Wie sieht der einstige Rodelplatz am Stadtrand heute eigentlich aus und gibt es die Baumhütte noch, die seit Jahr und Tag von den Kindern des Dorfes gebaut wurde? Auch ein Besuch des Lieblingsspielplatzes oder der Eishalle, in der du jeden Winter zur Eisdisco gegangen bist und anschließend eine heiße Schokolade mit dicker Sahnehaube verputzen durftest, können Erinnerungen an die schönen Seiten deiner Kindheit wachkitzeln und dein Sonnenkind hervorlocken. Solltest du manche Plätze deiner Kindheit verändert vorfinden, sei nicht traurig. Genieße stattdessen die Erinnerung an die schönen Erlebnisse an diesem Platz und freue dich darauf, neue Orte für dich und dein Inneres Kind zu entdecken!

Moderne Kinder-Orte besuchen

Lade dein Inneres Kind dazu ein, die Plätze der Kinder von heute zu besuchen: geht zu einer Vorlesestunde in deiner Bibliothek in der Kinderbuchabteilung, schaut euch im Spielwarengeschäft nach den angesagtesten neuen Spielzeugen um und vergleicht die Trends mit den Sachen aus eurer eigenen Vergangenheit – vielleicht erlebt euer Lieblingsspielzeug von damals ja ein Revival oder ihr werdet an alte Klassiker erinnert, die ihr schon längst vergessen hattet, wie Bausteine, Slime-Bälle oder Knete? Gibt es spezielle Kulturangebote für Kinder in deiner Stadt, die auch von Erwachsenen besucht werden können, wie Kindertheater, Kindermusicals oder Konzerte? Die Begeisterung der anderen kleinen Besucher lockt vielleicht auch dein Inneres Kind aus der Reserve und du wirst erstaunt sein, wie sehr du dich von der ausgelassenen Stimmung mitreißen lässt, wenn du bereit bist, dein reserviertes Erwachsenen-Ich kurz auf die Pausenbank zu setzen.

Die Mutprobe

Gab es etwas in deiner Kindheit, was du immer machen wolltest, aber du hast dich nicht getraut? Etwa auf dem Klettergerüst bis ganz nach oben klettern, im vollen Schwung von der Schaukel springen, über den kleinen Bach hinterm Wäldchen springen oder das Seepferdchen machen? Es ist nie zu spät dafür, solche Dinge nachzuholen und du wirst erstaunt sein, wie gut es sich anfühlen kann, solch scheinbar kleine Erfahrungen tatsächlich auch zu machen – eben weil sie für dein Inneres Kind bis heute eine große Bedeutung haben können. Also pack die Badesachen ein und vereinbare einen Termin, um dein Seepferdchen zu machen. Du bist nicht der einzige Erwachsene, der den Bademeister darum bittet, also nur keine falsche Scheu! Genieße das Gefühl des dich durchströmenden Stolzes und das gewachsene Selbstbewusstsein deines Inneren Kindes, wenn du das Seepferdchen-Abzeichen erhältst und wenn du dich danach fühlst, bügele es doch einfach auf deine Umhängetasche, damit es dir immer wieder ins Auge fällt und dich daran erinnert: Ich und mein Inneres Kind, wir sind mutig und stark – wir können was!

Kontakt mit dem Inneren Kind in Beziehungen mit anderen

Bei der Arbeit mit deinem Inneren Kind wirst du feststellen, dass eine Auseinandersetzung mit deinen frühkindlichen Erlebnissen und den positiven und negativen Erfahrungen nicht nur dazu führt, dass du dich selbst veränderst und beispielsweise alte Glaubenssätze und Verhaltensmuster loslassen kannst, sondern darüber hinaus kann sich diese Form der Inneren Arbeit auch auf deine Beziehungen auswirken. Wie bereits zu Beginn dieses Buches erwähnt, sind frühkindliche Erfahrungen maßgeblich für deine Persönlichkeitsentwicklung und deine sozialen Fähigkeiten. Auch später gemachte Erfahrungen im Kindergarten oder der Schule können noch einen großen Einfluss auf das Innere Kind haben, sodass sich Verletzungen, die wir in dieser Zeit erleiden, einbrennen und uns bis ins reife Alter begleiten können. Beginnst du damit, deine Erlebnisse zu bearbeiten und dich mit deinem Inneren Kind zu beschäftigen, es zu heilen, auszusöhnen und zu schützen, zeigt sich meist auch eine deutliche Veränderung in deinen Beziehungen. Besonders deutlich wird dies in der Beziehung zu deinen Kindern.

Kinder als Spiegel – wie verändert sich deine Beziehung zu deinem Nachwuchs?

Die Rolle der Mutter ist eine der schwersten, die eine Frau einnehmen kann. Plötzlich meint jeder, Mitspracherecht zu haben, dir erzählen zu können, was gut und was schlecht ist und wie du dich am besten verhalten solltest. All das kann verunsichern, vor allem dann, wenn du sowieso schon ein geringes Selbstwertgefühl hast oder an deinen Fähigkeiten als Mutter zweifelst. Du weißt, dass es wichtig ist, deinen Kindern eine sichere Bezugsperson zu sein, vor allem dann, wenn du selbst in deiner Kindheit gewisse Entbehrungen erleiden musstest und entweder eine abwesende, zu strenge, zu kalte oder zu überfürsorgliche Mutter hattest. Selbstverständlich ist die Rolle des Vaters hier nicht ausgenommen, insbesondere dann, wenn dieser die Hauptbezugsperson für das Kind ist, aber in unserer Gesellschaft wird die Verbindung von Mutter und Kind besonders genau unter die Lupe genommen, und während Männer, die sich mit ihrem Nachwuchs beschäftigen, häufig für die einfachsten Tätigkeiten über den grünen Klee gelobt werden – „Ach, wie süß und modern. Er geht mit dem Kleinen einkaufen, obwohl es schreit. Was für ein erfrischender Anblick!" oder „Schau mal, da handelt der einfach Beruf und Kind. Schiebt den Buggy und nimmt noch einen Geschäftstermin an. Was für ein Mann!" – müssen Frauen sich deutlich mehr Kritik gefallen lassen. Sie fühlen sich häufig stark verunsichert durch die Konkurrenz unter Müttern und die allzu schnell ausgesprochenen, natürlich nur gut gemeinten Ratschläge ihres Umfeldes, aber auch wildfremder Personen. „Schau mal, die geht mit ihrem schreienden Kind einkaufen? Hat das Kleine wohl auch gar nicht im Griff. Sicher so eine Mutter, die sich nicht durchsetzen kann." oder „Hat die nichts Besseres zu tun, als so karrieregeil zu sein und am Telefon zu hängen? Vielleicht sollte sie sich mal um das Kind vor ihrer Nase kümmern, das schaut schon ganz vernachlässigt!"

Die Angst, etwas falsch zu machen ist groß. Schließlich ist die Bindung zu den Eltern prägend für die Kleinen. So hat van den Boom 1994 in einer Interventionsstudie belegt, dass die Bindungssicherheit von emotional labilen Kindern mit einem Alter von einem halben Jahr bis neun Monaten signifikant zunimmt und dieser Umstand über mehrere Jahre anhält, wenn die Eltern ein Training in Einfühlsamkeit erhalten und daraufhin anders mit ihrem Nachwuchs umgehen. Ein liebevoller, zugewandter Umgang mit dem eigenen Kind ist allerdings nicht immer einfach, wenn Stress und Alltagssorgen, Schlafmangel und andere Verpflichtungen das Energielevel unten halten.

Auch wenn du als Kind nicht selbst Erfahrungen dieser Art machen konntest, kann es dir schwerfallen, deine Kinder anders zu behandeln. Erlebte Muster werden oft unbewusst wiederholt und zumindest in stressigen Situationen automatisch reproduziert. Trotz bester Vorsätze und dem Wunsch, den Bedürfnissen deines Kindes ganz anders und deutlich besser gerecht zu werden als deine Eltern, kann es vorkommen, dass sich gemachte Erfahrungen von deinen Bezugspersonen und dir in deinem Leben als Mutter mit deinen Kindern dann wiederholen.

Haben deine Eltern dich mit großer Strenge erzogen, kann es sein, dass auch du ein reibungsloses Einhalten der Regeln von deinen Kindern zumindest unbewusst erwartest. Ist dies nicht der Fall oder zeigt sich das zweite Kind vielleicht diskussionsfreudiger und rebellischer als das Erste, kann es sein, dass du zu ähnlichen Sanktionen greifst wie deine Eltern – ganz einfach, weil du keine anderen Vorbilder in deinem Umfeld hattest und diese Art der Erziehung in deinem Umfeld ganz normal war.

Wurde dir keine Weichheit zugestanden und musstest du auch schwere Situationen mit stoischem Gleichmut oder Härte ertragen, hast du vielleicht nicht gelernt, deine sanfte Seite zuzulassen und verwechselst möglicherweise Emotionen wie Mitgefühl oder Trauer mit Schwäche. Zeigt dann dein Nachwuchs dieses Gefühl und sucht bei dir Trost, fühlst du dich möglicherweise davon überfordert. Du würdest deinen kleinen Liebling schon irgendwie gerne trösten, aber zum einen möchtest du nicht schuld daran sein, wenn er verweichlicht und es nachher schwer haben sollte in dieser Welt, zum anderen willst du dir selbst auch keine Blöße geben und vielleicht von deinen Gefühlen überrascht werden. Du reißt dich also zusammen und verlangst das, wie deine Eltern früher auch von dir verlangt haben, nun von deinem Kind. „Stell dich nicht so an! Indianer kennen keinen Schmerz! In anderen Ländern haben die Kinder nicht mal was zu essen und du heulst hier wegen Nichtigkeiten herum." Solche Sätze, die man als Kind selbst gefühlt tausendmal gehört hat, rutschen in solchen Situationen erstaunlich schnell über die Lippen.

Kennst du diesen Moment, wo du dich kurz erschrocken hast und gedacht hast: „Au weia, jetzt höre ich mich genauso an wie mein Vater/meine Mutter?" Für dich war es vielleicht nur eine Momentaufnahme, aber für dein Kind werden diese Momentaufnahmen verallgemeinert. Sie werden als generalisierte Aussage wahrgenommen, als Ist-Zustand und nicht selten erlebt das Kind sich dann als Belastung oder Zumutung, als falsch oder nicht gewollt.

Ganz gleich, ob der Umgang mit deinen Kindern auf die Art erfolgt, wie bereits deine Eltern mit dir umgegangen sind oder du den entgegengesetzten Weg wählst und das ganz krasse Gegenteil umzusetzen versuchst – deine frühkindlichen Erlebnisse begleiten dich auch bei der Erziehung deiner Kinder. Möchtest du vermeiden, dass sich unschöne Muster wiederholen, ist es wichtig, Verständnis für die eigenen Kinder und die eigene Kindheit zu entwickeln und den Bezug zu erkennen. Durch Kontakt mit dem Inneren Kind kannst du Deutungsmuster und Verhaltensweisen aufdecken und dich mit bestimmten Aspekten deiner Kindheit aussöhnen, um zu einem eigenen und für dich und deinen Nachwuchs passenderen Erziehungsstil zu finden. Auch das Zusammenspiel mit deinen Kleinen und dem Inneren Kind bereichert eure Bindung deutlich. Belohnt werdet ihr dann mit einem deutlich harmonischeren Familienleben.

Kontakt mit dem Inneren Kind in Beziehungen zu Erwachsenen

„Es muss von Herzen kommen, was aufs Herzen wirken soll" – Johann Wolfgang von Goethe

Deine Freundin hat dir erzählt, dass sie jemand kennengelernt hat. Sie ist glücklich verliebt und doch bewölkt sich nach wenigen Wochen der Liebeshimmel gewaltig – denn genau wie in den vorangegangenen Beziehungen scheitert auch diese Verbindung wieder an bestimmten Verhaltensweisen oder Mustern des Partners oder deiner Freundin. Obwohl dieses Mal alles anders werden sollte.

Du erinnerst dich daran, dass sie erzählt, wie unfreundlich er über seine Mutter gesprochen hat, als ihr euch bei einem gemeinsamen Spieleabend kennengelernt habt und dass du den Eindruck hattest, dass sich dieser Groll gegen seine Mutter auch in seinem Verhalten gegenüber den anwesenden Frauen gezeigt hat. Jeder von uns kennt den Spruch aus der Küchenpsychologie, dass man sich nur die Eltern der neuen Partner und deren Miteinander anzuschauen braucht, um einen Einblick davon zu bekommen, wie sie sich in einer Beziehung in bestimmten Situationen verhalten werden. Wenn ein heterosexueller Mann beispielsweise sehr abfällig über seine Mutter spricht, sich von vorn bis hinten bei jedem Besuch bedienen lässt und generell ein despotisches Verhalten an den Tag legt, ist es sehr wahrscheinlich, dass er dieses Verhalten auch in der Beziehung mit seiner Freundin zeigen wird, wenn der erste Zauber der Verliebtheit verflogen ist. Gleichermaßen populär ist der Spruch, dass Menschen sich immer einen Partner suchen, der dem Elternteil des gegenteiligen Geschlechts, für dass sie sich interessieren, ähnlich sei. Frauen, die einen sehr dominanten Vater gehabt haben, suchen sich mitunter immer wieder Partner mit ähnlichen Zügen, obwohl sie weder das Verhalten des Vaters in ihrer Kindheit noch das Verhalten des aktuellen Partners angenehm finden und die Beziehungen somit auch keinen Bestand haben können. Engen Freundinnen fällt dieses Muster meist eher und leichter auf als der betroffenen Person selbst und auch wenn diese um diese Tendenz weiß, kann es ihr schwerfallen, dieses Muster zu durchbrechen. Somit verwehrt sie sich die Chance, eine Bindung mit einem Menschen einzugehen, dessen Persönlichkeit möglicherweise besser zu ihr passt. Äußerungen, wie „Ich kann machen, was ich will – immer wieder ziehe ich solche Typen an!" oder „Schon wieder eine von dieser Sorte – ich dachte, dieses Mal wäre alles anders!" kommen dir bekannt vor? Dann hast du vielleicht ebenfalls frühkindliche Erfahrungen mit deinen Eltern gemacht, die dein Beziehungsverhalten und auch die Auswahl eines Partners beeinflussen.

Auch die unbewusste Suche nach einer Elternfigur kann sich im Gestalten von Beziehungen bemerkbar machen. Sei es, dass jemand unbewusst einen Partner mit großem Altersunterschied wählt, der sowohl materiell als auch in puncto Wissen und Erfahrungen über einem steht und für einen sorgen kann oder dass er, obwohl er im Alltag ein selbstbewusster und eigenständiger Mensch ist, in der Beziehung sehr unsicher ist, immer wieder die Bestätigung von seinem Partner einholen muss und die Verantwortung der Beziehungsführung oder sogar das Gestalten des gemeinsamen Lebens an seinen Partner abgibt. Selbst wenn diesen Mustern vom Partner entsprochen wird, bedeutet das nicht, dass der Mensch, der als Kind keine stabile Elternfigur in seinem Leben hatte, dadurch zufrieden gestellt werden kann. Schließlich spürt er, dass da eine Diskrepanz ist, zwischen dem, was er in dieser Beziehung einfordert, und dem, was er als erwachsener mündiger Mensch eigentlich für sich und auch seinen Partner möchte. Gerade wenn die Erkenntnis da ist, wie sehr das eigene, bedürftige Verhalten die Partnerschaft belastet, kann es sogar dazu führen, dass der oder die Betroffene mit Scham und Frustration reagiert.

Kontakt mit dem Inneren Kind in Beziehungen mit anderen

Die Erlebnisse im frühkindlichen Alter tragen maßgeblich dazu bei, wie wir als Erwachsene unsere Liebesbeziehungen gestalten, ob es uns schwerfällt, Vertrauen zu einem Gegenüber aufzubauen, ob wir stabile Bindungen eingehen können und ob wir gelernt haben, eine Beziehung zu pflegen und auch kritische Phasen zu überstehen. Insbesondere in den ersten drei Lebensjahren werden die Verbindungen im Gehirn entwickelt und die Art, wie wir mit unserem direkten Umfeld interagieren und wie dieses sich mit uns auseinandersetzt, beeinflusst diese Entwicklung stark. Wer keine gesunden Bindungserfahrungen sammeln kann, erlebt deutlich mehr Stress und aktiviert diese Bereiche im Gehirn immer wieder. Ein ängstliches, unsicheres oder sehr anhängliches Verhalten in der Partnerschaft kann die Folge sein.

Zwar kannst du dich als Erwachsener in der Regel nicht bewusst an frühkindliche Erlebnisse erinnern; dein Unterbewusstsein hat die Kränkungen aber fest gespeichert und ruft diese immer wieder in ähnlichen Situationen ab. Insbesondere mit starken Emotionen einhergehende Erfahrungen brennen sich regelrecht ein. Wer als Kind von den Eltern oft lautstark gemaßregelt wurde oder sich oft selbst überlassen war, konnte das sich in den ersten Lebensjahren ausbildende Urvertrauen nicht in vollem Maße entwickeln und wird später möglicherweise im sozialen Miteinander Schwierigkeiten haben. Das muss nicht nur romantische Beziehungen betreffen, sondern die fehlende soziale Kompetenz kann sich auch in anderen Beziehungen zeigen, wie etwa der zu Kollegen am Arbeitsplatz, der zu Nachbarn oder zu Freunden. Wer im Kleinkindalter erleben musste, dass das neue Geschwisterchen vorgezogen wurde, die Stimmung zuhause durch die Ehekrise der Eltern immer angespannt war und jederzeit mit einem Donnerwetter gerechnet werden musste oder das eigene Wesen den Eltern zu laut, zu schüchtern oder zu verträumt war, der wird als Erwachsener in Situationen, die das Unterbewusstsein an diese Erfahrungen erinnern, verstärkt Stresshormone ausschütten und mit Unsicherheit, Angst, Wut oder Verweigerung reagieren.

Vielen Menschen ist in solchen Situationen gar nicht klar, warum sie sich verhalten, wie sie sich verhalten und sie kommen gar nicht auf die Idee, dass einer der Gründe in frühkindlichen Erlebnissen liegen könnte. Selbst wenn das Bewusstsein für diesen Zusammenhang da ist und du mit dem Verstand alle Begründungen nachvollziehen kannst, kann es sein, dass dein Gefühlsleben diese Zusammenhänge nicht akzeptieren kann. „Ich kann es verstehen, aber ich kann es nicht fühlen!" ist eine häufige Aussage in einer solchen Situation. Durch die Begegnung mit dem Inneren Kind kannst du versuchen, die Brücke zwischen Emotionen und Verstand zu schlagen, dir über bestimmte Muster klar zu werden und die Beziehungen zu deinen Liebsten und anderen Mitmenschen zu verbessern.

Stelle dir doch einfach ein paar der folgenden Fragen, um zu sehen, ob du in deinen Beziehungen durch frühkindliche Erfahrungen beeinträchtigt bist:

- Kann ich mich gut auf andere Menschen einlassen oder verhalte ich mich generell immer reserviert?
- Glaube ich an das Gute im Menschen oder habe ich eher das Gefühl, jeder will mir etwas Böses?
- Glaube ich, dass ich liebenswert bin?
- Gibt es bedingungslose Liebe oder muss ich mir die Liebe erst verdienen, durch soziales Ansehen, materiellen Besitz, ein bestimmtes Aussehen oder durch ein bestimmtes Verhalten?
- Habe ich als Kind eine feste Bezugsperson gehabt, bei der ich mich sicher und geborgen fühlen konnte?
- Waren meine Erziehungsberechtigten an mir und meiner Person interessiert oder musste ich eher ihrer Wunschvorstellung von dem perfekten Kind entsprechen?
- Hatte ich ein positives Vorbild bezüglich einer gesunden Beziehung in meinem direkten Umfeld?

- Bin ich in einem harmonischen Haushalt groß geworden oder war ich früh mit Unruhe, Stress, einem unsteten Umfeld und Sorgen, Trauer oder Aggressivität konfrontiert?
- Lerne ich gerne neue Leute kennen und genieße ich den Austausch oder bedeuten soziale Interaktionen für mich Stress?
- Fühle ich mich sicher im Umgang mit Menschen oder erlebe ich mich als unbeholfen und wäre ich gerne selbstbewusster oder weniger befangen?

Vergangenheitsbewältigung durch Arbeit mit dem Inneren Kind

„Wer vor der Vergangenheit die Augen verschließt, wird blind für die Gegenwart" – Richard von Weizsäcker

Neigst du dazu, negative Erlebnisse zu verdrängen, da du ja ohnehin nichts mehr an ihnen ändern kannst, merkst du aber trotzdem, dass die Wunden noch nicht verheilt sind und durch kleinste Anstupser des Alltags immer wieder aufreißen? Dann geht es dir wie vielen Menschen, die in ihrer Kindheit Kränkungen oder Vernachlässigung erleben mussten.

Die Einflüsse der Vergangenheit können sich auf mannigfaltige Weise in deinem Leben als Erwachsener präsentieren, wie du bereits in den vorherigen Kapiteln erfahren hast. Selbstverständlich kannst du Geschehenes nicht mehr verändern. Die Art, wie dein Inneres Kind aber alles abblockt, was mit den Erlebnissen nur in entferntester Weise zu tun haben könnte, führt dazu, dass dein Leben in bestimmten Bereichen recht eingeschränkt ist. Sinnvoller wäre es, aufkommende Themen zu bearbeiten, auch wenn dies im Moment der Auseinandersetzung sicherlich einiges an Mut erfordert. Hast du beispielsweise ein Problem mit instabilen Beziehungen und Nähe, weil du dich vor dem Verlassenwerden fürchtest oder denkst, dass du ohne Menschen sowieso besser dran bist, weil deine Mutter in deiner Kindheit die Familie verlassen und sich nicht wie versprochen danach weiter um dich gekümmert hat, dann ist es schmerzhaft und schwer, sich dieses Erlebnis und dessen Auswirkungen auf deine heutigen Verhaltensmuster bewusst zu machen. Du als erwachsene Person musst erkennen und akzeptieren, dass das, was dir damals passiert ist, nicht auszulöschen oder wiedergutzumachen ist. Die Phase deiner Kindheit ist vorbei und niemand, keine neue Person in deinem Leben und auch nicht deine Mutter, können dir diese Zeit, in der du eine liebevolle Mutter gebraucht hättest, zurückgeben oder ersetzen.

Diese Erkenntnis ist hart und es ist sehr wichtig, dass du dir Zeit nimmst, die Sache mit Distanz zu betrachten. Durch den Abstand und einen langsamen und liebevoll begleiteten Prozess der Akzeptanz gibst du deinem Inneren Kind die Möglichkeit, sich von dieser Vorstellung zu lösen, an die es sich unterbewusst vielleicht noch klammert. Michael Mary spricht von drei Arten der Wahrnehmung, der gedachten, der gefühlten und der gespürten. Die gespürte, also die körperliche wird laut ihm am intensivsten vom Menschen wahrgenommen. Hast du Herzklopfen, bekommst du schwitzige Hände und einen Kloß im Hals, sobald jemand deine stachelige Hülle weich werden lässt? Diese körperlichen Symptome sind schwer auszuhalten und vielleicht noch prägnanter wahrzunehmen als das Gefühl der Unsicherheit und Angst vor Verletzung und der rationale Gedanke, dass du ohne Kontakte auch nicht verletzt werden kannst. Gib allen drei Ebenen Zeit. Beruhige dein Inneres Kind, wenn du körperliche Symptome wahrnimmst und erkläre ihm, warum dein Körper so reagiert, damit es Herzklopfen und Co besser einordnen kann. Wende dich dann deinen Gefühlen zu und sprich sie bei Bedarf auch laut aus, wenn es dir schwerfallen sollte, sie zu benennen. Erlaube dir, diese Emotionen zu fühlen und verurteile dich nicht, wenn du in deinen Augen unpassend reagierst. Dein Inneres Kind hat seine Gründe dafür und versucht nur, dich zu schützen und dir etwas Gutes zu tun.

Verletzungen des Inneren Kindes bearbeiten

Es geht also darum, dass du den Verhaltensmustern deines kindlichen Anteils näher auf den Grund gehst. Dadurch kannst du Verständnis und hoffentlich auch Mitgefühl für dein Inneres Kind aufbringen, statt ihm gram zu sein. „Wieso musste ich mich jetzt schon wieder so anstellen? Geschieht mir Recht, dass keiner mehr mit mir reden will, wenn ich immer so aus der Haut fahre! Ich mit meinem bescheuerten Kontrollzwang – ich hab sie ja nicht mehr alle!" Solche Vorwürfe und Selbstbeschimpfungen sind zwar verständlich, wenn dich deine Schutzmechanismen frustrieren, aber sie werden dir und deinem Inneren Kind nicht gerecht. Sicherlich hast du auch gemerkt, dass sie dir nicht guttun und sie dir auch nicht dabei helfen, dein Verhalten zu ändern.

Viel effektiver ist es, wenn du deine früher gelernten Glaubensmuster erkennst, siehst, wo Konditionierungen greifen und wie sich aufgrund dessen bestimmte Verhaltensmuster entwickelt haben. Kannst du benennen, welche Wörter, Themen oder Handlungen bei dir eine Blockade hervorrufen, kannst du dich mit viel Verständnis und Achtsamkeit deinem verletzten Inneren Kind nähern und versuchen, diese Blockaden aufzulösen. Erkläre deinem Innerem Kind liebevoll und in klar verständlichen Worten, dass du ihm dankbar für seine Arbeit bist, ihr jetzt aber nicht mehr in einem Abhängigkeitsverhältnis lebt und du dich und auch das Kind vor ungewollten Erlebnissen so gut wie möglich schützen wirst. Mache ihm auch klar, dass negative Erlebnisse zum Leben dazu gehören, ihr aber gemeinsam stark genug seid, um Rückschläge oder negative Emotionen wie Trauer, Wut und Schmerz auszuhalten. Halte dann aber auch dein Wort und nimm dir Raum und Zeit, um Gefühle zu verarbeiten, statt sie zur Seite zu schieben oder dich dafür zu verurteilen, dass du sie fühlst. Du musst dich für deine Gefühle nicht schämen, denn was du fühlst, ist allein deine Sache und bedeutet ja nicht, dass du tatsächlich auch so handeln wirst. Vielleicht würdest du deine Kinder am liebsten mal auf den Mond schießen, aber das bedeutet weder, dass du eine schlechte Mutter bist, noch, dass du deine Kinder nicht aufrichtig liebst. Negative Gefühle sind ganz normal, aber sie bestimmen nicht dich oder dein Handeln, wenn du adäquat mit ihnen umzugehen lernst.

Hast du Probleme, deinen Gefühlen freien Lauf zu lassen, trainiere sie im Alltag. Reagiere dich beim Sport ab oder schimpfe einfach mal wie ein Rohrspatz im Auto, wenn keiner dabei ist, weine bei einer traurigen Schnulze mit oder hänge bei trauriger Musik eine Weile schwermütigen Gedanken nach. Schreibe deine Gedanken und Gefühle auf und schau immer mal wieder in dein Tagebuch, um zu erkennen, ob es Wiederholungen und Kernthemen gibt, aus denen sich bestimmte Muster ableiten lassen. Kannst du bereits ein konkretes Thema aus deiner Vergangenheit benennen, kannst du dieses auch betrauern. Vielleicht kennst du das bereits durch den Verlust eines Haustieres oder lieben Menschen: Trauern ist Arbeit und verläuft meist in mehreren Stufen, so erklärt etwa im Phasenmodell der Schweizer Psychologin Verena Kast, die die Trauer in vier Phasen unterteilt:

1. Nicht-Wahrhaben-Wollen
2. Aufbrechen von Emotionen wie Wut oder Angst
3. Suchen nach Sinn und Verortung
4. Anpassung und neuer Selbstbezug

Hast du in deiner Kindheit einen liebenden Vater vermisst, wirst du ihn weder dadurch finden, dass du deinem Vater bis heute hinterherläufst und versuchst, lieb Kind zu werden oder zu bleiben, noch, indem du deinen Partner in die Rolle eines Vaters hineindrängst und von ihm die elterliche Zuwendung und Liebe erhoffst. Überwindest du die Phase des Nicht-Wahrhaben-Wollens und stellst dich dieser Tatsache, wirst du mit starken Emotionen konfrontiert. Danach ist die Luft geklärt und du kannst dich neu verorten – wo will ich hin, was möchte ich eigentlich von meiner Liebesbeziehung, wenn diese nicht die Stellvertreterrolle einnehmen muss? - und dich dann schließlich neu finden und an die Situation anpassen.

Ja, ein liebender Vater hat dir in der Kindheit gefehlt und diesen Umstand hast du betrauert. Vielleicht wird es dich auch immer mal wieder traurig machen, aber du hast einen Großteil der Trauerarbeit geleistet, weißt, wo du heute stehst und kannst akzeptieren, dass du dir selbst ein gutes Elternteil sein kannst und als Erwachsener nicht mehr auf die Liebe deines Vaters angewiesen bist. Somit kannst du nicht mehr dienliche Glaubensmuster, Konditionierungen, Verhaltensmuster auflösen – aber diese Heilarbeit erfordert viel Achtsamkeit, Fingerspitzengefühl und vor allem Geduld. Bitte versuch nichts übers Knie zu brechen, im Sinne von „Jetzt weiß ich, wo mein Problem liegt, jetzt heile ich schnell mein Inneres Kind und dann funktioniere ich endlich wie ein normaler Mensch!" Das geht in den meisten Fällen nicht gut, denn dein Inneres Kind ist sehr sensibel und erfordert eine sanfte und liebevolle Behandlung, bei der seine und somit auch deine Bedürfnisse wahrgenommen und respektiert werden. Druck und Hektik wird es scheu machen und verängstigen, sodass sich das zarte Band, was zwischen euch geknüpft wurde, möglicherweise sogar wieder löst. Insbesondere, wenn deine Eltern auch dazu geneigt haben, ungeduldig mit dir zu sein und von dir auf Befehl eine bestimmte Reaktion zu erwarten, kann das dein Inneres Kind zusätzlich belasten und verängstigen.

Es ist wichtig, bei dieser Arbeit eigene Grenzen zu erkennen und sich nicht zu überfordern. Hast du das geschafft, lernst du dich nicht nur selbst viel besser kennen, sondern kannst mit Krisen deutlich gereifter umgehen und hast neues Selbstvertrauen in deine Fähigkeiten entwickeln können. Du hast nicht nur Kontakt zu deinem Inneren Kind, sondern auch zu deiner Inneren Kraft aufgenommen und kannst gemeinsam mit ihr und deiner Intuition zu einem Leben in Balance finden, ganz im Sinne Erich Fromms:

„Wenn ich vom vollgeborenen Menschen spreche, dann spreche ich vom Menschen im Sinne Goethes, von jenem Menschen, der sich gelöst hat von der Mutter, vom Vater, von der Herde – von jenem Menschen, der gleichsam seine eigene Mutter, sein eigener Vater und sein eigenes Gesetz geworden ist."

Leichtigkeit im Leben durch die Entdeckung des Inneren Kindes

„Die sonnige Kinderstraße
Meine frühe Kindheit hat auf sonniger Straße getollt;
hat nur ein Steinchen, ein Blatt zum Glücklichsein gewollt.
Jahre verschwelgten, Ich suche matt jene sonnige Straße heut,
wieder zu lernen, wie man am Blatt, wie man am Steinchen sich freut."

Joachim Ringelnatz

Das Gedicht des deutschen Schriftstellers Hans Gustav Böttichers, besser bekannt unter seinem Künstlernamen Joachim Ringelnatz, findet in Texten, die sich mit dem Inneren Kind auseinandersetzen, häufig Verwendung, beschreibt es doch wunderbar die kindliche Begeisterungsfähigkeit und Leichtigkeit. Diese ist einem meist über die Jahre ganz unbemerkt abhandengekommen, bis man irgendwann innehält und sich fragt, wann man eigentlich das letzte Mal so richtig herzlich und aus dem Bauch heraus bis zum Seitenstechen gelacht hat. Wann das ganze Leben so ernst und anstrengend geworden ist und wieso einen eigentlich nichts mehr so recht überraschen kann.

Selbst Personen, die eine schwierige Kindheit hatten und sich bereits früh in ihrem Leben mit besonderen Herausforderungen auseinandersetzen mussten und keineswegs nur Sonnenschein in ihren frühen Jahren erlebt haben, können sich meist an einen gewissen Zauber erinnern und an eine Fähigkeit, mit einem frischen Blick auf die Welt zu schauen, in Details zu versinken und sich von Emotionen – negativen wie positiven – regelrecht mitreißen zu lassen. Scheinbare Kleinigkeiten konnten von besonderer Bedeutung sein und mitunter brauchte es nicht viel, um glücklich zu sein.

Vielleicht war es bei dir kein Steinchen oder Blatt, das eine solche Versunkenheit und Zufriedenheit ausgelöst hat, sondern das Beobachten eines Marienkäfers, der an einem Blütenblatt entlangkrabbelt, das Blasen auf einem Grashalm, das Gefühl des warmen Sandes zwischen deinen Zehen beim Spielen auf dem Spielplatz oder das Geräusch des knirschenden Schnees, wenn du morgens im Dunkeln zur Schule gestapft bist. Wir alle können uns an solche Momente erinnern und sie bei Gelegenheit auch bei den Kindern in unserem Umfeld beobachten. Wer hat nicht schon mal fast die Contenance verloren, weil ein wichtiger Termin anstand, die Uhr unaufhörlich tickte und das Kind an der Seite nichts Besseres zu tun hatte, als konzentriert und vollkommen entspannt eine Ameise bei ihrer Arbeit zu beobachten, während uns fast die Hutschnur platzt? Weniger negativ besetzt: Was gibt es Schöneres als das begeisterte Mitfiebern von Kindern bei einer Geschichte, das erstaunte Lachen, wenn eine Schneeflocke auf der kleinen Nasenspitze landet oder die fokussierte Stille, wenn die kleinen Entdecker ihre Welt erkunden?

Wenn du dich auch danach sehnst, mal wieder mit einer positiv besetzten, fast schon spielerischen Neugierde auf die Welt zu schauen, statt voller Sorge Unbekanntem entgegenzutreten, du gerne wieder freier in deinem Erleben sein möchtest und mehr Spiel und Spaß – okay, und vielleicht auch Schokolade – in dein Leben holen möchtest, gibt es verschiedene Möglichkeiten, um dir bei deinem Inneren Kind ein oder zwei Tricks abzuschauen, um das Leben etwas leichter zu nehmen.

Spielen und Staunen als Erwachsener – Ist das überhaupt okay?

Natürlich hast du als erwachsener Mensch ganz andere Bedürfnisse als als Kind und auch die Dinge, für die du Verantwortung übernehmen musst, sind jetzt ganz andere. Es geht keinesfalls darum, diese Punkte zu negieren oder zu vernachlässigen. Stattdessen kann dich die Begegnung mit deinem Inneren Kind auf diesem Gebiet dazu bringen, Genuss und einer gesunden Portion Optimismus einen größeren Stellenwert in deinem Leben zu bieten. Das ist keinesfalls egoistisch und auch nicht blauäugig. Schließlich weißt du als mündige erwachsene Person um die Konsequenzen deines Tuns und kannst abschätzen, wo du dir diese Leichtigkeit erlauben kannst. Optimismus ist nicht gleichzusetzen mit kindlicher Naivität und sorgt in der Arbeit mit deinem Inneren Kind eher dafür, dass das manchmal so drückende Alltagsgrau der Erwachsenenwelt etwas bunter wird und du wieder mit frischer Kraft, neuen Ideen und neuem Elan an die Sachen herangehen kannst. Dadurch, dass du dir Zeit dafür nimmst, hebt sich deine Laune: du wirst zufriedener, bist ausgeglichener und womöglich sogar gesünder, produktiver und belastbarer. Also ganz klar kein egozentrierter Zug, sondern eine echte Win-Win-Situation für dich und deine Umwelt!

Mit neuem Blick auf die Welt schauen – wie gehe ich das an?

Jetzt magst du argumentieren, dass es für ein Kind ja ein Leichtes ist, mit frischem Blick auf die Welt zu schauen – schließlich ist alles neu! Es gibt immer wieder erste Male zu erleben: Der erste Geburtstag, das erste Weihnachten, der erste Tag im Kindergarten, der erste Schnee, der erste lockere Milchzahn, der erste Urlaub mit der Familie oder der Schuleintritt. Der Minimensch ist frei von Altlasten, begegnet seiner Umwelt aufgeschlossen und mit einem spielerischen Interesse und hat anders als ein Erwachsener noch nicht den Weitblick, um sorgenvoll in die Zukunft zu schauen oder alle Handlungen zu hinterfragen und jeden Schritt zu überdenken. Dadurch sind Kinder zum einen naiver und weniger in der Lage, langfristig zu planen, zum anderen aber auch unvoreingenommener und offener.

Wie sollst du – als Mensch, der möglicherweise schon einige herbe Rückschläge und Enttäuschungen in seinem Leben erfahren musste – jetzt wie ein unbeschriebenes Blatt daherkommen und mit kindlicher Vorfreude in die Welt hinausstürmen? Niemand erwartet von dir, dass du dir eine nicht altersgerechte kindliche Naivität aneignest oder dass du so tust, als wärest du vollkommen frei von Altlasten und Geschichte. Es besteht aber die Möglichkeit, dich wieder mehr für die Umwelt um dich herum zu öffnen, deine Denkmuster und Meinungen zu hinterfragen und immer gleiche Routinen aufzubrechen, um für etwas Abwechslung zu sorgen. Auch wenn du viel in der Welt herumgekommen bist und einiges erlebt hast, wirst du noch nicht alles gesehen, gegessen, ausprobiert und getan haben, was es um dich herum so zu sehen, essen, ausprobieren und zu tun gibt. Im Yoga sprechen viele Lehrerinnen und Lehrer davon, dass Yoginis und Yogis nie die Einstellung des des Lernenden oder der Lernenden vergessen sollten, um ihre Yogapraxis immer wieder neu anzugehen, andere Facetten wahrzunehmen und Neues über sich und ihr Yoga zu erfahren.

Kein Tag ist wie der andere und jeder Moment bietet die Möglichkeit, etwas Neues über sich oder seine Umwelt zu erfahren, spannende sinnliche Erfahrungen zu machen oder etwas Alltägliches aus einem neuen Blickwinkel heraus zu betrachten. Ganz kleine Dinge können schon einen Aha-Moment mit sich bringen: Starte doch einfach mal die abendliche Gassirunde mit dem Hund von der anderen Seite aus. Ist der Blick auf die Häuser und Natur anders? Fällt dir etwas Neues ins Auge? Entdeckst du einen Augenschmeichler auf dem Weg? Und wie reagiert dein Hund? Was passiert, wenn du deine Lieblingsspeise mit verbundenen Augen isst und wie fühlst du dich, wenn du dich verkehrt herum ins Bett legst? Spiele ein wenig mit deinen täglichen Aufgaben und Routinen und genieße, wie sie dadurch wieder spannender werden und du, statt auf Autopilot durch dein Leben zu hetzen, bewusster dein Hier und Jetzt erleben kannst.

Neue Lebenslust – wie beginne ich damit?

Wenn du dein Inneres Kind in deinen Alltag integrieren möchtest, um etwas mehr Leichtigkeit zu gewinnen und wieder mehr Enthusiasmus und Entdeckungslust in dein Leben zu holen, kann es hilfreich sein, sich an früher zu erinnern. Nicht selten ist es so, dass Handlungen oder Dinge, die uns als Kindern Wohlbehagen bereitet haben, auch im fortgeschrittenen Alter ihren Zauber keineswegs verloren haben und sogar wie eine Zeitmaschine funktionieren können. Der Geruch von Milchreis mit Zimt und Zucker lässt uns an die verregneten Novembernachmittage nach dem Kindergarten denken, der Geschmack von Lakritzschnecken erinnert uns an die Mensch-Ärger-Dich-Nicht-Spielnachmittage bei Oma und Opa. Jeder von uns hütet solche Schätze in seiner Erinnerung, die du gerne hervorholen kannst, um dir ins Gedächtnis zu rufen, was dich als Kind begeistern konnte und was bei dir Glücksgefühle hervorgerufen hat. Nicht immer bedeutet das, dass du alle Dinge aus deiner Kindheit eins zu eins in dein jetziges Leben übertragen können wirst. Dein Geschmack wird sich ebenso verändert haben wie deine Einstellung zu gewissen Dingen. Aber eine Tendenz, eine Vorliebe ist häufig erkennbar, sodass du leicht ein paar Anhaltspunkte finden kannst, von denen du zu deiner Reise Richtung neue Lebenslust starten kannst. Machst du dabei ein paar Umwege? Kein Problem! Die erhöhen schließlich die Ortskenntnis und nachher hat man noch ein klein wenig mehr zum Erzählen.

Du weißt nicht, wo du beginnen sollst? Stelle dir vielleicht ein paar der folgenden Fragen:

- Welche Themengebiete haben dich als Kind besonders fasziniert?
- Was war deine Lieblingsfarbe?
- Als was wolltest du dich immer verkleiden?
- Bei welcher Aktivität konntest du die Zeit vergessen?
- Hattest du ein Lieblingsspiel?
- Gab es ein Ritual, an das du dich besonders gern erinnerst?
- Was sind deine Lieblingserinnerungen an deine Kindheit?

Wieso ist Spielen so gesund?

Mit dem Thema Spielen beschäftigen sich nicht nur kleine Kinder, sondern sogar ganze Wissenschaftsbereiche, etwa in der Spielwissenschaft. Schon immer haben die Menschen gespielt und sich auch mit der Bedeutung dessen auseinandergesetzt. Der Homo ludens, der spielende Mensch, benannt von dem Wissenschaftler Huizinga, ist Bestandteil vieler Untersuchungen, bei denen erforscht werden soll, welchen Sinn das Spielen für den Menschen hat und wie sich welche Spiele auf den Menschen aus erziehungs- und bildungswissenschaftlicher Sicht auswirken. Dass Spielen für Kinder von besonderer Wichtigkeit für die Ausbildung von geistigen und körperlichen Fähigkeiten ist, ist mittlerweile auch Bestandteil des Alltagswissen. Das Kind lernt beim Spielen seine Umwelt in all seiner Vielfalt kennen und begreifen, kann soziale und kognitive Fähigkeiten erlernen, in den Austausch mit anderen gehen, aber auch seine eigene Vorstellungswelt erkunden und mit der Realität nach und nach abgleichen.

Einen Spieltrieb zeigen übrigens nicht nur menschliche Kinder, sondern auch der Nachwuchs von verschiedenen Tierarten spielt und lernt dadurch beispielsweise das Jagen oder Anschleichen. Auch Kinder können beim Spielen motorische Abläufe wie nebenbei verinnerlichen und üben, ebenso wie Sprache und Interaktion mit anderen. Das, was die Kleinen in ihrem unmittelbaren Umfeld sehen, wird nachgestellt und so das Leben geprobt. Gemachte Erfahrungen können im Spiel verarbeitet werden und auch Ausdauer und Selbstvertrauen können im Spiel geschult werden. Dazu muss das Spiel keineswegs immer zweckgerichtet und pädagogisch ausgerichtet und gesteuert werden: Auch im freien Spiel können die Kleinen wertvolle Kompetenzen erwerben, selbst wenn dieses für Erwachsene zweckfrei und vollkommen willkürlich erscheinen mag.

Warum aber spielen Erwachsene? Das Spiel kann ähnlich wie zu Kinderzeiten vielzählige Vorteile bieten: Es kann beim Erlernen neuer Fähigkeiten helfen, es bietet eine angenehme Mischung aus Anspannung und Entspannung, bietet Möglichkeiten zum Abtauchen aus dem Alltag und dem Sein im Hier und Jetzt, Raum für das Ausprobieren neuer Dinge und das Miteinander mit anderen, körperliche und seelische Anregung und gibt dir darüber hinaus die Chance, ganz neue Erfahrungen zu machen. Gesundheit wird durch die WHO, die Weltgesundheitsorganisation, nicht als Abwesenheit von Krankheit und Gebrechen, sondern als Zustand vollkommenen körperlichen, geistigen und sozialen Wohlbefindens definiert. Spielen kann diese deutlich steigern und je nach Form der Spiele auch bestimmte Defizite ausgleichen helfen, etwa durch Konzentrations-, Kommunikations- oder Bewegungsspiele.

Natürlich musst du, wenn du als Kind alle für dich wichtigen Fertigkeiten und Fähigkeiten erlernen konntest, nicht mehr spielen, um diese zu erwerben, aber auch dir kann das Spiel dabei helfen, deine Leistungen zu verbessern und Fertigkeiten zu schulen. Du wirst kreativer, entwickelst neue Denkmuster und neben einer angeregten Fantasie wird auch dein Gehirn leistungsfähiger. Das lässt sich sogar nachweisen: So hat Simone Kühn, eine Neurowissenschaftlerin, nachweisen können, dass sich bestimmte Areale im Gehirn, die für die Koordination des Körpers genutzt werden, bei Personen, die regelmäßig Computerspiele spielen, stärker entwickeln.

Du kannst dich im Spiel ganz anders mit Menschen aus deinem Umfeld auseinandersetzen, weitab von den alltäglichen Grenzen und Lasten und eine neue Form des Zusammenhalts erleben. Spielen kann verbinden und dabei helfen, sich mal wieder in einem neuen Licht zu betrachten, zusammen neue Erfahrungen zu machen und miteinander unbekannte Herausforderungen zu meistern – und das alles mit spielerischer Leichtigkeit, denn Konsequenzen im realen Leben sind durch das Spiel nicht zu befürchten.

Spielen bietet Erwachsenen die Möglichkeit, Abwechslung in den Alltag zu bringen, Spaß und Freude zu erleben und eine gewisse Leichtigkeit zu erleben. Das liegt zum einen daran, dass Erwachsene beim Spielen eine Form der Regression erleben: Sie fühlen sich in ihre Kindheit zurück versetzt, fühlen eine stärkere Verbindung zum Inneren Kind und können das kopfgesteuerte Leistungsdenken einfach mal zur Seite stellen. Zum anderen kann die absichtslose Spielerei unheimlich befreiend wirken – insbesondere dann, wenn du beruflich oder privat stark eingespannt bist, immer viel leisten musst und es dir normalerweise nicht erlaubst, einfach mal nichts zu tun. Das Spielen passiert genau jetzt in diesem Moment und verhilft dir zu mehr Achtsamkeit und dabei, dich zu zentrieren. Du bist vollkommen im „Flow" und kannst alles um dich herum vergessen. Besonders diesen Aspekt hebt beispielsweise der Psychologieprofessor Mihály Csíkszentmihályi hervor: Aufgrund des Flows braucht der Spielende auch kein Ziel oder eine Belohnung, denn das gleichzeitige Erleben von Bewusstsein und Handlung lässt den Spieler in einen Zustand der angenehmen Selbstvergessenheit geraten, bei der die Zeit wie im Flug zu vergehen scheint.

Folgende Fragen kannst du nutzen, um deine Lust am Spielen wachzukitzeln:

- Hast du lieber allein oder mit anderen zusammen gespielt?
- Mochtest du Sportspiele?

- Hast du eher das freie Spiel bevorzugt?
- Warst du lieber zuhause oder in der freien Natur?
- Wolltest du gerne etwas Neues beim Spielen lernen oder hast du bevorzugt immer das Gleiche gespielt?
- Hast du getobt, gerauft oder gerne deine Kräfte mit anderen gemessen?
- Mochtest du das stille Spiel, oder hat dich dieses in deinem Bewegungsdrang und deiner Ausdruckslust behindert?
- Welches war dein liebstes Gesellschaftsspiel?
- Welches war dein liebstes Spielzeug?
- Gab es ein Spielzeug, das du immer ausprobieren wolltest, aber nie die Chance dazu hattest?

Tipps, um mit dem Inneren Kind zu spielen

Wenn du jetzt unheimlich gerne mit dem Spielen loslegen möchtest, dich aber ein wenig eingerostet oder vielleicht sogar eingeschüchtert fühlst bei dem Gedanken, mach dir keine Sorgen! Damit bist du nicht allein. Gerade Personen, die im Alltag stark eingebunden sind und sich viel um andere kümmern, wissen manchmal gar nicht mehr, wie sie loslassen, eine Pause einlegen und Spaß haben können. Vielleicht denkst du dir auch, dass du zum Spielen zu sehr aus der Übung bist oder du gar nicht weißt, welche Spiele dir heute Spaß machen würden. Das ist kein Problem! Tritt mit deinem Inneren Kind in Kontakt und lass dich von deinen Erinnerungen inspirieren. Sei nicht traurig, wenn du merkst, dass etwas, das dich früher stundenlang beschäftigen konnte, heute nicht mehr zu den Aktivitäten gehört, die dir Spaß machen. Mit großer Wahrscheinlichkeit magst du ja auch nicht mehr alle Lebensmittelkombinationen, die dir mit fünf Jahren so gut geschmeckt haben, und die Kassette mit den Kinderliedern würdest du auch nicht mehr unbedingt hervorholen. Nutze diesen Umstand, um dich von der kindlichen Offenheit deines Inneren Kindes mitreißen zu lassen und einfach Sachen auszuprobieren – um ihrer selbst willen, nicht um zu gewinnen oder der Beste zu sein.

Du hast Sorge, dass du zu alt bist zum Spielen oder dir das Spielen gar nicht zusteht, weil eine gute Mutter/Anwältin/Verkäuferin oder ein guter Kindergärtner/Vater/Maler doch nicht einfach so seine Zeit verschwenden, sondern etwas leisten sollte? Wie bereits im vorangegangenen Abschnitt erwähnt, ist Spielen auch für Erwachsene nützlich und dient nicht nur der reinen Erheiterung oder der Flucht vor Langeweile. Werden in dir kritische Stimmen wach oder begegnet dir dein Umfeld mit missbilligenden Blicken, kannst du gerne erklären, dass das Spielen eine der ältesten Kulturtechniken des Menschen ist, die weltweit und durch alle Zeitalter praktiziert wurde – unabhängig vom Alter und Bildungsstand der Personen. Du musst dein Spiel zwar vor niemandem rechtfertigen, aber wenn es dir ohnehin schwerfällt, dir Zeit für dich selbst zu nehmen, hilft es dir möglicherweise, das Spiel als Form der Selbstfürsorge, als Zuwendung zu deinem Inneren Kind zu betrachten. Du hast ein Recht auf Spiel und Spaß und du darfst es dir mit gutem Gewissen nehmen!

Mit Kindern spielen – Lernen von den Profis

Kinder sind Meister im Spielen und wir können einiges von ihnen lernen. Gerade wenn du dir beim Gedanken ans freie Spiel vielleicht seltsam vorkommst oder Hemmungen hast, ist ein junger Spielmeister an deiner Seite der perfekte Lehrer, der dir zeigen kann, wie man loslässt und einfach Spaß hat – ganz gleich ob beim wilden Räuber- und Gendarm-Spiel, beim Sandburgen bauen oder beim Besuch im Einkaufsladen! Ganz gleich, ob es deine eigenen Kinder sind, du den Nachwuchs von Freunden oder Nachbarn hütest oder im Ehrenamt mit Kindern zu tun hast – in der Regel freuen sich die Kleinen sehr, wenn die Großen mal so richtig mitspielen und nicht nur an der Seite stehen und das Spiel überwachen oder anleiten. Selbstverständlich bedeutet das nicht, dass du deine Aufsichtspflicht darüber vergessen sollst oder statt deinen elterlichen Verpflichtungen nachzukommen nur noch mit den Kindern spielst. Aber die Kleinen können meist sehr gut unterscheiden, wann die Großen als gleichberechtigte Partner mitspielen und wann sie wieder ihre Rolle als erwachsene Aufsichtsperson, Elternteil oder pädagogische Fachkraft einnehmen und sehen darin auch keinen Widerspruch. Vielmehr kann das Ganze als Bereicherung für die Beziehung zwischen Kindern und Erwachsenen gesehen werden, die um eine verbindende Dimension wächst. Und du lernst ganz nebenbei, welche Spiele und Ideen deine Kinder gerade begeistern – total faszinierend und auch hilfreich für eure Interaktion. Zudem überträgt sich der Spieleifer der kleinen Racker fast wie von selbst auf dich und du musst dir auch nicht komisch vorkommen, wenn du als Piratin über die sieben Weltmeere segelst oder als Ritter ruhmreiche Taten vollbringst, während du eigentlich nur auf dem Kinderzimmertisch stehst oder mit einem Besen in der Hand zum Turnier antrittst – schließlich bist du in bester und herrlich ausgelassener Gesellschaft.

Zu einem Spielenachmittag gehen – geordnetes Spiel

Hast du keine Kinder in deinem Umfeld oder kannst du mit freiem Spiel nicht so viel anfangen, sind vielleicht Gesellschaftsspiele eine gute Gelegenheit, wieder ins Spielen zu finden. Gesellschaftsspiele wurden in jeder Epoche und Kultur als wichtiges Kulturgut entwickelt, gespielt und dies keineswegs nur unter Kindern, sondern auch unter Erwachsenen. Seit Jahrhunderten trainieren Menschen im Spiel ihre Fähigkeiten, messen sich auf kameradschaftliche Weise und genießen auch mal einfach den unterhaltsamen Zeitvertreib, ganz ohne Ziel. Du kannst dich mit ein paar Freunden oder Familienmitgliedern verabreden und einen Spielenachmittag bei dir zu Hause organisieren. Eine spannende Alternative ist der Besuch eines organisierten Spieletreffs. Diese werden in Büchereien, Gemeindezentren oder von anderen Organisationen angeboten und geben dir die Möglichkeit, dich in die Welt des Spielens zu wagen, auch wenn du keine eigenen Spiele daheim hast oder niemanden findest, der mitspielen möchte. Bei einem organisierten Spieletreff kannst du auf Gleichgesinnte treffen, ganz nebenbei deine Hemmungen abbauen, etwas total Neues ausprobieren und spannende Gruppenerlebnisse mit ganz unterschiedlichen Menschen erleben. Neben offenen Spieletreffs gibt es auch Angebote, die auf das Bilden einer festen Spielergruppe abzielen, sodass das Spielen einen festen Platz in deinem Alltag finden kann. Halte doch einfach mal Ausschau, ob es ein ähnliches Angebot in deiner Nähe gibt. Kleiner Hinweis: Es gibt Spieletreffs, bei denen ganz unterschiedliche Spiele zur Auswahl stehen, aber auch Angebote, die sich auf eine bestimmte Art von Spiel fokussieren, etwa bestimmte Brettspiele oder Pen and Paper-Rollenspiele.

Öfter mal was Neues – unbekannte Dinge ausprobieren

Die kindliche Neugierde geht uns Erwachsenen im stressigen Alltag oft verloren und wir finden uns irgendwann in einer immer gleichen Routine wieder, die zwar zuverlässig funktioniert, aber auch wenig Raum für Überraschungen lässt. Dieser Umstand lässt sich auch in der Freizeitgestaltung beobachten – schließlich ist die Zeit zur freien Gestaltung eh schon so knapp bemessen und dann will man sich schnell und zuverlässig entspannen und keine anstrengenden Pläne in die Tat umsetzen oder sich überwinden müssen. Ein klein wenig Abenteuer zwischendurch kann aber wahre Wunder wirken, wenn es um die Verbesserung der Grundstimmung und das Wecken der Lebensgeister geht. Du erwischt dich dabei, dass jeder Sonntag vor dem Tablet mit Serien-Binge-Watching endet? Mit deinen Freunden gehst du immer zum Bowlen und mit den Kindern wird seit Jahr und Tag Mensch-Ärger-Dich-Nicht gespielt, obwohl das eigentlich gar keiner mehr sehen kann und der Nachwuchs längst groß genug ist, anspruchsvollere Spiele zu verstehen, die der ganzen Familie Spaß machen? Dann sei mutig und wage dich an etwas Neues: Geh mit den Kids in den Kletterpark oder besuche mit ihnen den

Abenteuerspielplatz! Verbringt einen Nachmittag in der Bücherei und schaut euch dort Bücher mit Anregungen zur medienfreien Freizeitgestaltung an oder stöbert durch die angebotenen Spiele, wenn eure Bibliothek solche zur Ausleihe anbietet. Besuch mit der Clique einen Escape Room oder versucht euch an einem Brettspiel aus einem anderen Land.

Alleine Spielen – mach dein Ding

Du bist der Auffassung, dass du gar nicht spielen kannst, selbst wenn du wolltest? Schließlich hast du weder Freunde noch Kinder, die Interesse daran haben und einen Spieletreff gibt es auch nicht? Kein Problem! Es gibt wunderbar vielfältige Möglichkeiten, dein Inneres Kind im Alleingang zu beglücken. Dafür brauchst du weder zwingend andere Personen, noch viel Geld oder Vorbereitungszeit. Geschicklichkeits- und Rätselspiele lassen sich hervorragend alleine spielen und halten dich auch mit deinem scharfen Intellekt problemlos eine gute Weile gefangen. Diabolo, Jonglieren, Sudokus oder klassische Schwedenrätsel sind eine gute Wahl und können dich sowohl geistig als auch körperlich in Fahrt bringen. Auch mehr in unserer Gesellschaft etablierte Hobbys wie Computerspiele oder das Basteln von Modelleisenbahnen oder das Fliegenlassen von Modellflugzeugen können auch alleine ausgeübt werden. Das Tolle bei Spielen, die du alleine machen kannst: Du kannst genau dann starten, wenn du Lust und Zeit dazu hast und auch mal zwischendurch eine kleine, belebende Spielsession einbauen, ohne dich erst mit jemandem zu verabreden oder abzusprechen.

Das Spiel mit den Rollen – verkleiden zu Karneval

Auch wenn Fasching oder Karneval in einigen Regionen Deutschlands nicht so leidenschaftlich oder sogar gar nicht gefeiert werden wie etwa im Rheinland, so bietet die fünfte Zeit des Jahres doch eine erstklassige Möglichkeit, einmal in eine andere Rolle zu schlüpfen und die beliebten „So tun als ob-Spiele" der

Kindheit wieder aufleben zu lassen. Prinzessin, Forscher, Superheldin oder Sänger – wer möchtest du heute sein? Lass deiner Fantasie freien Lauf und genieße den Wechsel der Positionen und das Spiel mit den Möglichkeiten. Hast du Kinder, kannst du mit ihnen zusammen eine kleine Verkleidungskiste anlegen, in denen sich neben alten Kleidern auch tolle Accessoires befinden, mit denen du und sie sich kostümieren können. Du brauchst keineswegs teure Kostüme zu kaufen – meist lässt sich aus den Sachen, die man ohnehin zuhause hat, schon mit etwas Geschick ein tolles Kostüm basteln. Bist du gerne kreativ und handarbeitstechnisch versiert, kannst du natürlich auch selbst zu Nadel und Faden greifen und dir traumhafte Verkleidungen ausdenken. Ihr könnt euch natürlich auch einfach so, ohne besonderen Anlass, verkleiden und gemeinsam eure Lieblingsmärchen nachspielen oder euch selbst Geschichten ausdenken. Vielleicht überrascht ihr euch gegenseitig mit euren Ideen. Du wirst erstaunt sein, wie sehr das passende Kostüm doch dabei helfen kann, eine neue Rolle einzunehmen – als Freibeuter, Tarzan, Arielle, die Meerjungfrau oder ein Zwerg aus einem Märchen.

Austoben auf dem Spielplatz – Freiheit für das Innere Kind

Als Erwachsene folgen wir den ganzen Tag den Normen und Regeln unserer Gesellschaft, nehmen Rücksicht auf andere und halten unsere Bedürfnisse und unseren Bewegungsdrang unter Kontrolle. Wie schön wäre es, da auch mal auszubrechen, oder? Dann auf zum nächsten Abenteuerspielplatz! Hier gibt es unzählige Möglichkeiten, sich körperlich auszutoben beim Klettern, Schaukeln, Balancieren und Springen. Habt ihr keinen Abenteuerspielplatz, kannst du mit deinem Inneren Kind – und vielleicht auch deinen eigenen Kids, wenn sie das passende Alter haben – auch auf einen traditionellen Spielplatz gehen und dort wippen, die Gerüste hochklettern und an den Ringen schaukeln. Die Gerätschaften sind in der Regel darauf ausgelegt, von mehreren Kindern gleichzeitig genutzt zu werden, sodass sie das Gewicht eines Erwachsenen problemlos aushalten sollten. Wann hast du das letzte Mal auf einer Schaukel gesessen und bist immer höher geschaukelt, bis in den Himmel? Wann hattest du das letzte Mal so einen richtigen Drehwurm, weil du zu lange auf dem Karussell gesessen hast und bist beim Versuch, geradeauszugehen, vor Lachen und Schwindel einfach in den weichen Sand gefallen? Und wie lange ist es her, dass du warmen Sand zwischen deinen Zehen gespürt hast oder du diesen einfach zwischen deinen Fingern hast durchrieseln lassen? Lass dir diese tollen, sinnlichen Erfahrungen nicht entgehen und bring gemeinsam mit deinem Inneren Kind etwas Schwung in dein Leben!

Bewegungsspiele – perfekt für den gesunden Wettstreit

Bewegungs- oder Sportspiele sind ebenfalls eine tolle Möglichkeit, sich auf ganz andere Weise zu bewegen. Anders als beim bloßen Ausüben einer Sportart geht es hier nicht um das genaue Ausführen von Bewegungsabläufen und das Verfeinern von Techniken, sondern der Spaß an der Bewegung steht im Vordergrund. Vor allem, wenn du sonst in deinem Alltag überwiegend sitzt, sind Bewegungsspiele eine Abwechselung, die ganz nebenbei natürlich trotzdem dein Repertoire an Bewegungsabläufen und sportmotorischen Fähigkeiten erweitern. Du kannst dich in entspannter Atmosphäre mit anderen messen und auch wunderbar Dampf ablassen, wenn zuhause oder bei der Arbeit mal wieder alles schief ging und es so ein Untag ist, an dem nichts gelingen will. Frisbee, Tischtennis oder einfaches Fangenspielen – es gibt unendlich viele Bewegungsspiele, mit Equipment oder ohne, Spiele, die du allein oder mit anderen spielen kannst, welche, die etwas Vorbereitungszeit erfordern und andere, die du einfach mal kurz starten kannst, um nach einem anstrengenden Telefonat den Kopf frei zu bekommen oder dir nach einem Streit den Frust abzulaufen. Hast du gesundheitliche Einschränkungen oder warst du lange sportlich nicht aktiv, findest du in der Bibliothek oder im Netz zahlreiche Anregungen, wie du Bewegungsspiele trotzdem in deinen Alltag integrieren kannst. Extratipp für Hundebesitzer: Bello freut sich riesig, wenn du beim Gassigehen nicht nur mit anderen Hundeeltern am Wiesenrand stehst und mal das Bällchen wirfst, sondern gemeinsam mit ihm über Stock und Stein kletterst, mit ihm fangen spielst, stöberst und staunst. Manche Hunde sind richtige Spielkinder und hervorragende Animateure, die dir garantiert ein Lachen entlocken werden.

Neues Terrain – Computerspiele ausprobieren

Gehörst du zu den Menschen, die sich bisher von jeglicher Art von Computer- und Konsolenspielen ferngehalten haben und dem Ganzen, wenn nicht mit Ablehnung, doch wenigstens mit Misstrauen gegenüberstehen? Keine Sorge, du sollst nicht zum Gamer mutieren – aber lass dir doch einmal von einem Spieler aus deinem Umfeld ein Konsolenspiel zeigen, von dem er glaubt, dass es dir Spaß machen könnte. Wer sich vor den viel kritisierten Ballerspielen gruselt, kann zu Strategiespielen, Rollenspielen, Knobelspielen oder Bewegungsspielen greifen. Das Angebot an Spielen ist schließlich mittlerweile so breit gefächert, dass es Personen aller Altersklassen, Erfahrungsstufen und Interessengruppen ansprechen kann. Vielleicht hast du dich auch immer schon gefragt, was dein Nachwuchs daran findet, in einen Kasten zu starren und Knöpfchen zu drücken?! Probier es einfach aus. Aktiviere dein neugieriges, aufgeschlossenes Inneres Kind und mach deinen Nachwuchs zum Experten, der dir zeigen kann, wie das Game funktioniert. Die meisten Kinder genießen es, anderen etwas zu erklären, wofür sie sich begeistern und du wirst sicherlich auch interessante Beobachtungen machen können bei diesem Rollentausch. Und wer weiß – vielleicht entdeckst du dabei ja sogar eine neue Leidenschaft?

Das Anti-Schlechte-Laune-Mittel für zwischendurch – Hüpfen

Jeder von uns hat einen vollgestopften Alltag mit tausenden von Dingen auf der To-Do-Liste. Nicht immer ist da Zeit für eine ausgedehnte Spielerunde und nicht immer ist überhaupt die Lust da. Jeder von uns kennt solche Tage, an denen alles irgendwie zäh ist und die Dinge schwer von der Hand gehen, man die letzte Bahn verpasst, einen Strafzettel kassiert, die Milch umschmeißt und nochmal in den Supermarkt rennen muss, weil kein Belag mehr für die Schulbrote der Kinder im Haus ist. Wer kommt in so einer Situation darauf, zu spielen? Wahrscheinlich niemand, der sich all der Verantwortung bewusst ist. Aber was würde dein Inneres Kind machen? Die ganze Zeit maulend und schlecht gelaunt über den Bürgersteig schlappen? Oder seine schlechte Laune irgendwann satthaben und etwas Spaß in die ganze Sache bringen? Eine absolute Geheimwaffe für schlechte Laune ist jederzeit umzusetzen: Hüpfen! Von einem Bein aufs andere, mit beiden Beinen einen riesigen Sprung oder kleine, tänzerische Hüpfer beim Gehen zwischendurch – ganz gleich, was du machst, dir wird garantiert ein Mundwinkel hochrutschen. Vielleicht nur ganz kurz, aber immerhin!

Spiel mit der Sprache – Singen und Reimen

Zeuge des frühkindlichen Spracherwerbs zu werden macht Spaß, denn mitunter bringen die Kleinen die niedlichsten Versprecher oder Wortneuschöpfungen hervor. Aber auch nach dem Erlernen der Sprache verlieren die meisten Kinder ihre Liebe zum Wort nicht und plappern, singen, reimen oder erfinden neue Wörter. Das Spiel mit der Sprache kannst du auch als Erwachsener spielen, dafür musst du weder Poet noch Sänger sein: Wenn du für dich alleine bist, kannst du Arien schmettern, TV-Serien-Titellieder von früher trällern oder komische Wortspiele erfinden – es hört dich ja keiner. Auch das laute Lesen von Nonsense-Lyrik oder das immer schnellere Aufsagen von Zungenbrechern kann riesigen Spaß machen und die Lust darauf wecken, die Sprache, die du seit Jahren ganz selbstverständlich benutzt, mit neuen Augen zu sehen. Hattest du als Kind einen Lieblingszungenbrecher? Wenn dir spontan keiner einfällt, lade dein Inneres Kind dazu ein, folgende Sprüche so schnell wie möglich vorzulesen:

- Auf den sieben Robbenklippen sitzen sieben Robbensippen, die sich in die Rippen stippen, bis sie von den Klippen kippen.

- Schnecken erschrecken, wenn sie an Schnecken schlecken, denn zum Schrecken vieler Schnecken manche Schnecken nicht schmecken.
- Brauchbare Bierbrauerburschen brauen brausendes Braunbier.

Kreativ werden mit dem Inneren Kind

Ideal für einen Regentag oder ruhigere Stunden ist das stille kreative Ausprobieren. Wenn du jetzt Sorge hast, dass du nervige Handarbeiten machen musst oder große Kunstwerke fabrizieren sollst, sei beruhigt. Zeichnest du schon seit Jahren in deiner Freizeit, kannst du natürlich ein Kunstwerk schaffen – aber, auch wenn du glaubst, du könntest nicht mal ein Strichmännchen so darstellen, dass es ein Außenstehender erkennen würde und du glaubst, keinen kreativen Funken im Leib zu haben, solltest du diesen Vorschlägen eine Chance geben. Denn es gibt so viel mehr, das du ausprobieren kannst, als nur Bilder zu malen. Einfaches Kritzeln, Doodlen oder auch kunstvolles Handlettering auf einem Schmierblatt stehen ebenso zur Auswahl wie das Bemalen oder Batiken von Stoffen, Porzellanmalerei oder das Arbeiten mit Naturmaterialien. Vielen Menschen macht es Spaß, ihre Notizen oder Kalender mit Aufklebern, getrockneten Blüten, Farbstiften und Washi-Tape zu verschönern. Gerade in größeren Städten gibt es auch oft Angebote, bei denen du etwas Neues ausprobieren kannst, etwa das Töpfern, Schweißen oder Goldschmieden. Erlaubt ist, was gefällt. Vielleicht arbeitest du gerne mit Farben, hast aber keine Lust, dich auf ein kleines Papierblatt zu beschränken, sondern magst das Bemalen von großen Flächen oder Action-Painting? Probiere es einfach aus! Auch Collagen, das Basteln mit Kastanien oder Strandgut oder das Nähen von Teddys und Puppen kann eine Form des kreativen Ausdrucks sein. Lass dich von dir selbst überraschen und wage dich an ein neues Projekt, ganz gleich, was dabei herauskommen mag!

Kreativität mit dem Inneren Kind – eine Chance für dich als Erwachsener

Diese Anregung für die Arbeit mit dem Inneren Kind stellt für viele Menschen eine große Herausforderung dar. Anders als bei den anderen Vorschlägen, die vielleicht etwas Unsicherheit oder Verlegenheit hervorrufen, dann aber meist mit viel Eifer und Freude umgesetzt werden können, scheint es bei dem Gedanken an kreative Tätigkeiten bei vielen Leuten eine Innere Blockade zu geben. Es kann sich mitunter eine regelrechte Ablehnung oder ein ausgeprägter Widerwille bemerkbar machen, der die Betroffenen in seiner Intensität mitunter sogar überrascht.

Häufig liegt auch hier die Wurzel des Ganzen in der Kindheit oder Jugend. Michael Ende, der bekannte deutsche Autor, der vor allem durch seine fantasievollen Kinderbücher in Erinnerung geblieben ist, bemerkte zum Thema Fantasie in unserer Gesellschaft Folgendes: „Fantasie lässt man höchstens in Form des Brainstormings gelten, also zum Zweck, neue Produktionsideen oder Verkaufsideen zu entwickeln. Zweckfreie Fantasie gilt als Energieverschwendung. Aber unter diesem Joch verkümmert die Fantasie und stirbt ab. Das macht den Menschen krank, vor allem die Kinder seelisch und psychisch." Viele unter uns verlieren bereits im frühen Kindheitsalter die Lust am Kreativsein, da ihnen wiederholt von der Gesellschaft mitgeteilt wird, dass Kreativität und Fantasie wenig lukrativ, unnütz oder unpassend sind für einen ordentlichen und produktiven Menschen. Der Spaß am Schaffen weicht einem zweckgebundenen Arbeiten und selbst kreative Prozesse in Fächern wie Deutsch, Kunst, Musik oder Textilkunde sollen standardisiert, in feste Zeitrahmen gepresst und vergleichbar sein. Zudem unterliegen die kreativen Arbeiten des Nachwuchses einer ständigen Beurteilung durch Eltern, andere Verwandte, Erzieher und Lehrerinnen. Allein wenn ein Kind ein großes Talent an den Tag legt und etwa als das nächste musikalische Wunderkind an der Geige gilt, wird von der leistungsorientierten Gesellschaft akzeptiert, dass es all seine Zeit auf das Erlernen und Spielen dieses Musikinstruments legt. Ein Kind, das lediglich aus Spaß an der Freude stundenlang musizieren, malen oder schauspielern möchte, wird dazu angehalten, sich nicht mit Luftschlössern aufzuhalten, stattdessen etwas Ordentliches zu lernen und seine Zeit nicht mit brotloser Kunst zu verschwenden. Die Bewertung, wann ein intensives Auseinandersetzen und Beschäftigen mit kreativen Freizeitangeboten sinnvoll ist, obliegt dabei nicht dem Kind, sondern den Erwachsenen.

So erinnern sich viele mitsamt ihrem Inneren Kind sicher mit Schaudern daran, wenn sie gegen ihren Willen zum Chor oder zur Malschule gehen mussten, weil man das halt so macht. Vielleicht hat dir das Instrument aber gar keinen Spaß gemacht und du wolltest viel lieber anderweitig kreativ werden, etwa durch handfeste Gartenarbeit oder das Werkeln mit Holz. Doch das war deinen Eltern zu kompliziert, mit all dem Dreck, während sich die wöchentliche Musikstunde außer Haus wunderbar in den Familienalltag integrieren ließ. Das lustvolle Ausprobieren von verschiedensten Kreativangeboten ist sicherlich auch eine Frage der Ressourcen und nicht jede Familie konnte und kann es ihrem Nachwuchs ermöglichen, entsprechende Angebote wahrzunehmen. Vielleicht hast du auch erlebt, dass die Gesangsstunden gestrichen werden mussten, als das Budget knapp wurde und kamst dir gierig vor, weil du trotzdem gerne diesem Hobby weiter nachgegangen wärest. Heute aber bestimmst du über dein eigenes Budget und kannst dein Geld dafür ausgeben, was dir wichtig ist. Sehnen du und dein Inneres Kind sich nach kreativem Ausdruck, spricht nichts dagegen, in ein paar Möglichkeiten hineinzuschnuppern, um ein Gefühl dafür zu bekommen, was dir liegen und was dir Spaß machen könnte. Das ist vor allem dann wichtig, wenn du aus zeitlichen oder finanziellen Gründen als Kind nicht solche Erfahrungen hast sammeln können.

Aber ich kann ja gar nicht malen/töpfern/schneidern/singen/schauspielern? Ich werde mich doch nicht vor aller Welt zum

Affen machen, Inneres Kind hin oder her! Was, wenn ich mich blamiere? Was, wenn ich es einfach nicht lerne? Vielleicht bin ich ja auch viel zu alt dazu?

Kommen dir diese Gedanken bekannt vor? Keine Sorge, damit bist du nicht alleine! Einer der Hauptgründe, der Menschen davon abgebracht hat, sich kreativ zu betätigen und auszuleben, sind verletzende Kommentare von Mitschülern, Lehrern, Eltern oder anderen Personen aus dem Umfeld, die die kreativen Arbeiten bewertet haben.

Hast du Lust, etwas mit deinen Händen zu schaffen? Willst du dich bei deinem kreativen Prozess bewegen oder genießt du die stille Arbeit? Genießt du es, anzupacken, und hast du Freude an der Arbeit mit gröberen Dingen wie beispielsweise Stein oder Holz? Dann könnten dir möglicherweise Laubsägearbeiten Spaß machen, das Arbeiten mit Speckstein oder Schnitzen? Sei nicht traurig, wenn du diese Dinge nicht schon als Kind lernen konntest. Jetzt, als erwachsener Mensch, kannst du dich in allem ausprobieren, was dir einfällt und kannst darüber hinaus gewissenhaft mit Messer oder Säge umgehen, sodass du dir keine Gedanken um deine Gesundheit machen musst. Wenn du feine Arbeiten bevorzugst und gerne mit Papier arbeitest, versuche dich doch mal in Origami – es gibt lustige Figuren, die auch das Kind in dir ansprechen. Auch Scrapbooking, das Gestalten von bunten Collagen oder Spielen mit Pappmaché kann Spaß machen.

Spiel, Spaß und Spannung – und wie geht es jetzt weiter?

Wenn du nun zum Ende dieses Buches kommst, hast du vielleicht schon ein paar der Anregungen ausprobiert, die dir in den einzelnen Kapiteln gegeben wurden, dich mit deiner Vergangenheit auseinandergesetzt, alte Muster erkannt und störende Verhaltensweisen aufgedeckt und einen liebevollen Kontakt mit deinem Inneren Kind geschlossen. Du hast möglicherweise bereits herausgefunden, ob das Kind Trost benötigt oder einfach mal wieder nach Herzenslust spielen will und dir ist auch klar geworden, dass du von ihm einiges lernen kannst, was dir auch als erwachsener Mensch guttut. Wenn du es schaffst, alle Anteile von dir anzunehmen und in dein Leben zu integrieren, tut das nicht nur dir gut, sondern indirekt auch deinem Umfeld, denn du wirst störende Konditionierungen hinter dir lassen können und Raum machen für ein leichteres und bunteres Leben in Balance!

Dadurch, dass du dir selbst mit elterlicher Fürsorge begegnen kannst, bist du in der Gestaltung deiner Beziehungen freier und nicht mehr im Außen auf der Suche nach Anerkennung und Zuwendung. So kannst du dich auf eine gleichberechtigte und erwachsene Beziehung auf Augenhöhe freuen mit einem Menschen an deiner Seite, der dir guttut, statt dich in Co-Abhängigkeiten oder anderen ungesunden Beziehungsmustern zu verlieren. Auch im Umgang mit Kollegen, Vorgesetzten und anderen Mitmenschen wirst du dich, wenn du Abhängigkeiten in der Beziehungsdynamik hinter dir lässt und du Verantwortung für dich selbst übernehmen kannst und vor allem auch willst, souveräner fühlen und selbstbestimmter auftreten. Dadurch, dass du Selbstberuhigungskompetenzen dazugewonnen hast, kannst du auch mit Zeiten umgehen, in denen die Sonne mal längere Zeit nicht für dich scheint und dir selbst eine Stütze sein.

Das bedeutet, wie du nach dem Lesen dieses Buches weißt, nicht, dass du alles alleine bewerkstelligen oder dich in kindischem Verdrängen üben solltest, sondern dass du weißt, wie du eine sinn- und liebevolle Fürsorge für dich an den Tag legst, deinen Bedürfnissen angemessen begegnest und dir selbst Liebe, Hoffnung und Trost spenden kannst, wenn das Leben es mal nicht gut mit dir meint. Hast du in der Aufarbeitung von Problemstellungen in deinem Leben gute Fortschritte durch die Arbeit mit deinem Inneren Kind machen können und alte Muster und Glaubenssätze erkannt und aufgearbeitet, ist es wahrscheinlich, dass sich wiederholende Verhaltensweisen immer seltener zeigen werden und du neue Handlungskompetenzen ausbilden kannst. Hier lohnt es sich, gemeinsam mit deinem Inneren Kind immer mal wieder zusammen zu schauen, wo es noch etwas zu tun gibt und wie ihr gemeinsam verhindern könnt, dass die früher erlernten nicht mehr dienlichen Schutzmechanismen wieder die Oberhand gewinnen. Gerade, wenn es dir mal längere Zeit nicht so gut gehen sollte oder du viel Stress hast, schleichen sich diese wie alte Bekannte wieder an und machen sich unbemerkt Stück für Stück wieder in deinem Leben breit. Bleibe daher unbedingt mit deinem Inneren Kind in Kontakt und nimm die Warnsignale von ihm wahr.

Bemerkst du, dass du wieder beginnst, in alte Verhaltensmuster hineinzufallen, also beispielsweise alles bis ins letzte durchzuplanen, jedes Wort deiner Liebsten auf die Goldwaage zu legen oder dich selbst durchzuoptimieren, dann tritt einen Schritt zurück und schau mal wie es dir und deinem Inneren Kind geht. Bitte mach dir in solch einer Situation keine Vorwürfe! Nicht immer kannst du gleich gut für dich und dein Inneres Kind sorgen, doch wenn ihr zusammenarbeitet, wird dir immer schneller auffallen, in welchen Phasen du mehr auf dich aufpassen solltest, wann du dich deutlicher abgrenzen solltest oder wann du mehr Ruhe- und Spielzeiten benötigst, um mit den vielfältigen Anforderungen, die an dich gestellt werden, auf eine gute Art und Weise klarzukommen.

Doch auch wenn du die Begegnung mit deinem Inneren Kind erfolgreich dazu genutzt hast, frühkindliche Erfahrungen zu verarbeiten und alte Konditionierungen aufzulösen und du jetzt herrlich unbeschwert und mit dir und deinem Leben zufrieden durch den Tag schreitest, solltest du den Kontakt nicht abreißen lassen. Das Innere Kind steht als Konzept für einen Teil von dir, der auch in deinem Leben als erwachsener Mensch seine Berechtigung hat und einen Platz eingeräumt bekommen sollte. Schließlich kannst du mit deinem Inneren Kind auch jede Menge Spaß haben und die Entdeckerlust und spielerische Kreativität dazu nutzen, dein Leben unbeschwerter und bunter zu gestalten und mehr zu genießen. Also überlege dir, ob du dein Inneres Kind nicht hin und wieder zum Spielen einladen möchtest! Entdeckt gemeinsam neue Aspekte des Lebens, die Wunder dieser Welt, freut euch an den Besonderheiten der jeweiligen Jahreszeiten, zelebriert gemeinsam Rituale, genießt gemütliche stille Stunden, Wohlfühlmenüs aus deiner Kindheit, albert herum und wagt euch an neue Abenteuer und Herausforderungen heran. Es freut sich garantiert schon darauf, und kommt mit einem perlenden Kichern vorbei!

Geschenk #1 - Zitatesammlung

Vielen Dank noch einmal für den Erwerb dieses Buches. Als zusätzliches Dankeschön erhältst du von mir **zwei E-Books**, als Bonus, und völlig gratis.

Das erste Bonusheft beinhaltet eine Sammlung an schönen, motivierenden und Mut machenden kleinen Geschichten und Zitaten, die dich auf deinem täglichen Weg zu einem erfüllten Leben begleiten können. Finde darin deine Lieblingszitate, die du dir immer wieder als kleine Erinnerungen, Richtungsweiser und Mutmacher zur Hand nehmen kannst.

Du kannst das Bonusheft folgendermaßen erhalten:

Öffne ein Browserfenster auf deinem Computer oder Smartphone und gib Folgendes ein:

stefanielorenz.com/bonus1

Du wirst dann automatisch auf die Download-Seite weitergeleitet.

Bitte beachte, dass dieses Bonusheft nur für eine begrenzte Zeit zum Download zur Verfügung steht.

Alternativ kannst du auch diesen QR-Code einscannen:

Geschenk #2 - Entspannung im Alltag

In diesem zweiten Bonusheft findest du verschiedene Entspannungsmethoden, Meditationsideen und Affirmationen, die dich darin unterstützen können, wieder zu dir selbst zu finden. Mit diesen Methoden kannst du neue Kraft tanken, dich auf deine eigenen Stärken besinnen und aus dem Hamsterrad deiner Gedanken und den Anforderungen von außen aussteigen.

Öffne ein Browserfenster auf deinem Computer oder Smartphone und gib Folgendes ein:

stefanielorenz.com/bonus2

Du wirst dann automatisch auf die Download-Seite weitergeleitet.

Bitte beachte, dass dieses Bonusheft nur für eine begrenzte Zeit zum Download zur Verfügung steht.

Alternativ kannst du auch diesen QR-Code einscannen:

Eine kleine Bitte

Liebe Leserin,

lieber Leser,

nun sind wir am Ende dieses Buches angelangt. Ich hoffe sehr, dass ich dir weiterhelfen und positive Veränderungen in dein Leben bringen konnte.

Als Autorin ist es mir sehr wichtig, Bücher zu schreiben, die Menschen wirklich helfen. Konstruktives Feedback meiner Leserinnen und Leser hilft mir am meisten dabei meine Werke immer weiter zu verbessern.

Falls du mir also persönliches Feedback oder Verbesserungsvorschläge zum Inhalt geben möchtest, dann schreibe mir gerne unter info@stefanielorenz.com. Ich freue mich über jede E-Mail und werde zeitnah antworten.

Für den Fall, dass dir mein Buch wirklich geholfen hat und du sonst keine Fragen hast, dann würde ich mich freuen, wenn du eine positive Rezension für mein Buch auf Amazon hinterlassen kannst. Es dauert wirklich nur wenige Sekunden und du hilfst anderen Menschen und mir ungemein.

Ich weiß all deine Liebe und Unterstützung wirklich zu schätzen.

Falls noch Fragen offen sind, einfach bei mir melden!
Stefanie

Quellen und weiterführende Literatur

Barley, I. (2007). *Innere-Kind-Arbeit: Praxisnaher Überblick mit neuen Anregungen.* aerzteblatt.de. https://www.aerzteblatt.de/archiv/58215

Bradshaw, J. (1992). *Homecoming: Reclaiming and Championing Your Inner Child.* Bantam.

Bunz-Schlösser, G. (2018). *Nimm dein inneres Kind an die Hand.* mvg Verlag.

Capacchione, L. (1991). *Recovery of Your Inner Child: The Highly Acclaimed Method for Liberating Your Inner Self.* Touchstone.

Erikson, E. H., & Hügel, K. (2011). *Identität und Lebenszyklus : drei Aufsätze.* Suhrkamp Verlag.

Hanh, N. T. (2006). *Reconciliation: Healing the Inner Child.* Parallax Press.

Hestbech, A. M. (2018). Reclaiming the Inner Child in Cognitive-Behavioral Therapy: The Complementary Model of the Personality. *American Journal of Psychotherapy, 71*(1), 21–27. https://doi.org/10.1176/appi.psychotherapy.20180008

Hurrelmann, K., & Ulich, D. (1998). *Handbuch der Sozialisationsforschung*. Beltz.

Hühn, S. (2016). *Das Innere Kind - Beziehungen heilen*. Schirner Verlag.

Hühn, S. (2016). *Das innere Kind- Schuldgefühle loslassen*. Schirner Verlag.

Hühn, S. (2015). *Das Innere Kind - Selbstwert entwickeln*. Schirner Verlag.

Hühn, S. (2015). *Heilung für das Innere Kind - Die Praxis: Die Arbeit mit dem Inneren Kind in Therapie und Energiearbeit*. Schirner Verlag.

Krüger-Brand. (2013). *Serious Games: Spiel dich gesund*. aerzteblatt.de. https://www.aerzteblatt.de/archiv/134181/Serious-Games-Spiel-dich-gesund

Mary, M. (2019). *Frieden schließen mit dem Kind in uns: Wie wir uns von Einflüssen der Vergangenheit befreien*. Piper Verlag GmbH.

Paul, M., & Chopich, E. J. (1990). *Healing Your Aloneness: Finding Love and Wholeness Through Your Inner Child*. HarperOne.

Reinwarth, A. (2019). *Glaub nicht alles, was du denkst*. MVG Moderne Vlgs. Ges.

Sjöblom, M., Öhrling, K., & Kostenius, C. (2018). Useful life lessons for health and well-being: adults' reflections of childhood experiences illuminate the phenomenon of the inner child. *International Journal of Qualitative Studies on Health and Well-Being, 13*(1), 1441592. https://doi.org/10.1080/17482631.2018.1441592

Sjöblom, M., Öhrling, K., Prellwitz, M., & Kostenius, C. (2016). Health throughout the lifespan: The phenomenon of the inner child reflected in events during childhood experienced by older persons. *International Journal of Qualitative Studies on Health and Well-Being, 11*(1), 31486. https://doi.org/10.3402/qhw.v11.31486

Stefanie, S. (2015). *Das Kind in dir muss Heimat finden: Der Schlüssel zur Lösung (fast) aller Probleme*. Kailash.

Tomuschat, J. (2016). *Das Sonnenkind-Prinzip: Selbstliebe, Leichtigkeit und Lebensfreude wiederentdecken*. Kailash.

Warum die Menschen spielen. (2018). wissenschaft.de. https://www.wissenschaft.de/gesellschaft-psychologie/warum-die-menschen-spielen/

Wettig, J. (2006). *Eltern-Kind-Bindung: Kindheit bestimmt das Leben*. aerzteblatt.de. https://www.aerzteblatt.de/archiv/52989/Eltern-Kind-Bindung-Kindheit-bestimmt-das-Leben

Whitfield, C. L. (1987). *Healing The Child Within: Discovery and Recovery for Adult Children of Dysfunctional Families*. Health Communications, Inc.

Wirtz, M. A. (2019). *Dorsch - Lexikon der Psychologie*. Hogrefe AG.

www.ingramcontent.com/pod-product-compliance
Lightning Source LLC
Chambersburg PA
CBHW071353080526
44587CB00017B/3081